Bowls und Veganes Kochbuch

Das große 2-in-1 Kochbuch mit schnellen, einfachen und leckeren Bowls sowie veganen Rezepten für eine gesunde Ernährung im Alltag.

Inhalt

Bowls Rezepte

Vorwort

Liebe Leserin, lieber Leser,

in einer Welt voller kulinarischer Entdeckungen und Vielfalt haben Bowls ihren festen Platz gefunden. Dieses Kochbuch soll eine Inspirationsquelle für alle sein, die Interesse an diesem modernen und vielseitigen Essensstil haben, bei dem alle Zutaten in einer Schüssel vereint werden. Der Trend zur Bowl hat viele überzeugt, da er die Möglichkeit bietet, verschiedene Geschmacksrichtungen und Texturen in einem Gericht zu vermischen, sei es für mehr Genuss, eine abwechslungsreiche Ernährung oder das Streben nach einem bewussteren Lebensstil.

In diesem Buch findest du eine Reihe von Bowl-Rezepten, die sich durch ihre einfache Zubereitung und Vielfältigkeit auszeichnen. Mit meinen Rezepten kannst du dich im Alltag gesund und ausgewogen ernähren, ohne auf Genuss zu verzichten.

Es wird immer deutlicher, dass Ernährung mehr ist als nur „Treibstoff" für den Körper. Sie ist ein wesentlicher Bestandteil eines gesunden Lebensstils und kann weitreichende Auswirkungen auf unser Wohlgefühl haben. Mit den Rezepten in diesem Buch möchte ich dir den Einstieg in die Bowl-Küche so einfach und schmackhaft wie möglich gestalten.

Ich hoffe, dass dieses Buch dir zeigt, dass gesundes Essen nicht langweilig sein muss, sondern voller Geschmack und Genuss stecken kann. Viel Freude beim Experimentieren in der Küche!

Hinweis zu den Rezepten

Du wirst vielleicht bemerkt haben, dass in meinem Kochbuch etwas fehlt, was in vielen anderen Kochbüchern üblich ist: Bilder. Ich habe lange über diese Entscheidung nachgedacht und möchte dir gerne erläutern, warum ich diesen unkonventionellen Weg gewählt habe.

In erster Linie glaube ich fest daran, dass das Kochen eine Kunst ist, und wie bei jeder Kunst, spielen Vorstellungskraft und Kreativität eine entscheidende Rolle. Wenn ich dir genau vorschreibe und zeige, wie ein Gericht aussehen sollte, dann könnte ich ungewollt deine eigene Kreativität und Vorstellungskraft einschränken. Ich möchte, dass du dir beim Lesen meiner Rezepte eigene Bilder in deinem Kopf formst, dass du die Zutaten und das Endprodukt in deiner Vorstellung farbenfroh und lebendig visualisierst.

Dann gibt es da noch einen weiteren, sehr persönlichen Grund. Ich bin der Meinung, dass Bilder oft Erwartungen setzen. Wie oft habe ich schon ein Gericht nach einem Rezept zubereitet und war enttäuscht, weil es nicht genau so aussah wie auf dem Bild? Diesen Druck, ein perfektes, fotogenes Ergebnis zu erzielen, möchte ich dir ersparen. Ich möchte, dass du das Kochen genießt, ohne dich ständig mit einem Bild vergleichen zu müssen. Es geht um den Geschmack, das Erlebnis und das Teilen von Mahlzeiten mit denen, die dir nahe stehen, nicht um die Perfektion eines Fotos.

Ein weiterer Aspekt ist die Einzigartigkeit. Jeder von uns hat einen anderen Geschmack, andere Vorlieben und einen anderen Stil beim Anrichten. Wenn du mein Rezept nimmst und es zu deinem eigenen machst, wird es etwas Einzigartiges sein, etwas, das nur du so kreieren kannst. Und dieser Gedanke erfüllt mich mit Freude.

Schließlich möchte ich, dass mein Kochbuch nicht nur eine Anleitung, sondern auch eine Inspirationsquelle ist. Ich hoffe, dass du die Freiheit, die ich dir durch das Fehlen von Bildern gebe, als eine Einladung siehst, zu experimentieren, zu improvisieren und über den Tellerrand hinauszuschauen.

Fruchtige Frühstücks-Bowls

Beeren-Joghurt-Bowl

Zubereitungszeit: 15 Minuten
Portionen: 1 Bowl

Zutaten:

- 150 g gemischte Beeren, gewaschen und halbiert
- 200 g Naturjoghurt
- 30 g Honig
- 1 TL Vanillezucker
- 1 EL Chiasamen
- 50 g Haferflocken
- 1 EL gehackte Nüsse (z.B. Mandeln oder Walnüsse)
- 1 EL Kokosraspeln
- 1 Banane, in Scheiben geschnitten
- Frische Minze, gewaschen und gezupft

Zubereitung:

1. Mische in einer Schüssel den Joghurt mit dem Honig und dem Vanillezucker, bis alles gut vermischt ist.
2. Gib die Haferflocken und Chiasamen hinzu und rühre alles nochmals gut um.
3. Lege die Beeren und Bananenscheiben sorgfältig in die Bowl. Achte darauf, alles schön zu verteilen.
4. Bestreue die Bowl mit den gehackten Nüssen und Kokosraspeln.
5. Garniere zum Schluss mit ein paar Blättchen frischer Minze. Guten Appetit.

Mango-Kiwi-Bowl

Zubereitungszeit: 15 Minuten
Portionen: 1 Bowl

Zutaten:

- 1 reife Mango, geschält und gewürfelt
- 1 reife Kiwi, geschält und geschnitten
- 100 g frische Erdbeeren, gewaschen und halbiert
- 150 g griechischer Joghurt
- 1 EL Honig
- 30 g Granola
- 1 EL frische Minzblätter, fein gehackt
- 30 g Kokoschips
- 1 TL Chiasamen
- 1 TL Sonnenblumenkerne
- 1 EL frischer Bio-Limettensaft

Zubereitung:

1. Nimm eine große Schüssel zur Hand. Lege zuerst die gewürfelte Mango, die geschnittene Kiwi und die halbierten Erdbeeren hinein.

2. Gib den griechischen Joghurt über die Früchte und verteile ihn gleichmäßig.

3. Träufle den Honig über den Joghurt.

4. Streue Granola, Kokoschips, Chiasamen und Sonnenblumenkerne über die Schüssel.

5. Gib zum Schluss den frischen Limettensaft darüber und streue die gehackte Minze darüber.

6. Vermische alle Zutaten sanft mit einem Löffel. Guten Appetit.

Süße Birnen-Haferflocken-Bowl

Zubereitungszeit: 15 Minuten
Portionen: 1 Bowl

Zutaten:

- 1 reife Birne, gewürfelt
- 50 g Haferflocken
- 200 ml Milch
- 1 EL Honig
- 1 TL Zimt
- 1 Handvoll Walnüsse, grob gehackt
- 1 EL Chiasamen
- 100 g Naturjoghurt
- Frische Beeren nach Wunsch, gewaschen

Zubereitung:

1. Du beginnst damit, die Haferflocken und Milch in einen Topf zu geben und bei mittlerer Hitze zu erhitzen. Lass es langsam köcheln und rühre es ab und zu um, damit nichts anbrennt.

2. Während die Haferflocken köcheln, kannst du die Birne würfeln und die Walnüsse grob hacken. Halte ein paar Birnenwürfel zurück für die Dekoration.

3. Wenn die Haferflocken fast die gesamte Flüssigkeit aufgenommen haben und weich sind, fügst du die Birnenwürfel hinzu und lässt alles weitere 5 Minuten köcheln.

4. Nachdem die Birnen weich sind, fügst du den Honig und den Zimt hinzu und verrührst alles gut miteinander. Probiere die Mischung und süße nach, wenn nötig.

5. Jetzt kannst du die Haferflocken-Birnen-Mischung in eine Bowl geben. Toppe die Bowl mit dem Naturjoghurt, den zurückgelegten Birnenwürfeln, den gehackten Walnüssen, den Chiasamen und den frischen Beeren.

6. Zum Schluss, wenn du magst, kannst du noch ein bisschen Honig über die Bowl träufeln. Guten Appetit.

Erdbeeren-Quark-Bowl

Zubereitungszeit: 15 Minuten
Portionen: 1 Bowl

Zutaten:

- 200 g Erdbeeren, gewaschen und halbiert
- 150 g Magerquark
- 100 ml Mandelmilch, ungesüßt
- 1 EL Honig
- 2 EL Haferflocken
- 1 TL Chiasamen
- 1 EL Kokosflocken
- 1 EL frische Minze, fein gehackt
- 1 Banane, in Scheiben geschnitten
- 1 EL Granatapfelkerne

Zubereitung:

1. Nimm eine mittelgroße Schüssel und gebe den Magerquark hinein. Vermenge den Quark mit der Mandelmilch, bis eine cremige Konsistenz entsteht.

2. Füge nun den Honig hinzu und rühre alles gut durch, bis der Honig sich vollständig aufgelöst hat.

3. Streue die Haferflocken und Chiasamen darüber und rühre noch einmal um, bis alles gut vermischt ist.

4. Verteile die Erdbeeren und Bananenscheiben liebevoll über der Quarkmischung und streue die Kokosflocken darüber.

5. Gib als letzten Schritt die frische Minze und Granatapfelkerne darüber. Guten Appetit.

Müsli-Banane-Bowl

Zubereitungszeit: 10 Minuten
Portionen: 1 Bowl

Zutaten:

- 1 reife Banane, in Scheiben geschnitten
- 50 g Müsli
- 150 g Naturjoghurt
- 1 EL Honig
- 50 g gemischte Beeren (Erdbeeren, Heidelbeeren, Himbeeren), gewaschen
- 1 TL Chiasamen
- 1 TL Sonnenblumenkerne
- 1 EL gehackte Nüsse (z.B. Walnüsse, Mandeln)
- 1 Prise Zimt

Zubereitung:

1. Nimm eine Bowl zur Hand und verteile das Müsli gleichmäßig als erste Schicht in der Bowl.
2. Lege die Bananenscheiben über das Müsli.
3. Gib den Naturjoghurt über die Bananen und streiche ihn glatt, um eine gleichmäßige Schicht zu bilden.
4. Verteile die gemischten Beeren auf dem Joghurt.
5. Bestreue deine Bowl mit Chiasamen, Sonnenblumenkernen und den gehackten Nüssen.
6. Träufle den Honig über die gesamten Zutaten.
7. Verfeinere deine Bowl mit einer Prise Zimt. Guten Appetit.

Honig-Nuss-Bowl mit Joghurt

Zubereitungszeit: 15 Minuten
Portionen: 1 Bowl

Zutaten:

- 150 g griechischer Joghurt
- 1 EL Honig
- 50 g gemischte Nüsse (z.B. Walnüsse, Mandeln), grob gehackt
- 100 g frische Beeren (z.B. Erdbeeren, Himbeeren), gewaschen und halbiert
- 1 mittelgroße Banane, in Scheiben geschnitten
- 2 EL Granola
- 1 EL Kokosflocken
- 1 TL Chiasamen
- 1 TL Leinsamen
- 1 EL frische Minzblätter, gewaschen und gezupft

Zubereitung:

1. Nimm eine Schüssel und gib den griechischen Joghurt hinein.
2. Verteile die frischen Beeren und Bananenscheiben gleichmäßig über den Joghurt.
3. Streue dann die grob gehackten Nüsse, Granola, Kokosflocken, Chiasamen und Leinsamen darüber.
4. Träufle den Honig über die Bowl und verteile die Minzblätter obendrauf.
5. Zum Schluss kannst du noch einen kleinen Löffel Honig darübergeben, wenn du magst. Guten Appetit.

Apfel-Zimt-Porridge-Bowl

Zubereitungszeit: 15 Minuten
Portionen: 1 Bowl

Zutaten:

- 50 g Haferflocken
- 200 ml Milch oder Hafer-milch, ungesüßt
- 1 mittelgroßer Apfel, gewür-felt
- 1 EL Honig
- 1/2 TL Zimt
- 1 Prise Salz
- 1 EL Mandeln, gehackt
- 1 EL Rosinen
- 1 EL Naturjoghurt

Zubereitung:

1. Zuerst gibst du die Haferflocken mit der Milch in einen Topf und kochst sie auf niedriger Flamme auf. Rühre dabei ständig um, damit nichts anbrennt.

2. Während die Haferflocken köcheln, kannst du den Apfel in kleine Würfel schneiden.

3. Wenn die Haferflocken aufgequollen und die Milch eingezogen ist (nach ca. 5-7 Minuten), gibst du die Apfelwürfel, eine Prise Salz und den Zimt hinzu. Lass alles noch etwa 3-4 Minuten auf niedriger Hitze köcheln.

4. In der Zwischenzeit kannst du die Mandeln in einer Pfanne ohne Fett rösten, bis sie duften und golden sind.

5. Nun kannst du die Hitze ausschalten und den Honig unter den Porridge rühren.

6. Fülle den Porridge in eine Schüssel und gib die gerösteten Mandeln, die Rosinen und den Naturjoghurt darüber.

7. Wenn du magst, kannst du noch einen kleinen Klecks Honig und eine zusätzliche Prise Zimt darübergeben. Guten Appetit.

Frische Blaubeeren-Buttermilch-Bowl

Zubereitungszeit: 10 Minuten
Portionen: 1 Bowl

Zutaten:

- 150 g frische Blaubeeren, gewaschen
- 200 ml Buttermilch, gut gekühlt
- 1 Banane, in Scheiben geschnitten
- 2 EL Haferflocken
- 2 TL Honig
- 1 EL Chiasamen
- 1 EL Kokosflocken
- Einige frische Minzblätter
- Eine Prise Salz

Zubereitung:

1. Nimm eine große Schüssel und gebe die Haferflocken hinein.

2. Über die Haferflocken gießt du die kalte Buttermilch und rührst gut um, damit sie beginnen, aufzuquellen.

3. Schneide die Banane in dünne Scheiben und lege sie über die Hafer-Buttermilch-Mischung.

4. Verteile nun die frischen Blaubeeren gleichmäßig über die Bananenscheiben.

5. Gib die Chiasamen und die Kokosflocken darüber und verteile alles schön gleichmäßig.

6. Zum Schluss beträufle die Bowl mit dem Honig und garniere sie mit den frischen Minzblättern und einer Prise Salz. Guten Appetit.

Zitrusfrüchte-Müsli-Bowl

Zubereitungszeit: 10 Minuten
Portionen: 1 Bowl

Zutaten:

- 150 g Naturjoghurt
- 50 g Müsli
- 1 Bio-Orange, geschält und in Stücke geschnitten
- 1 Bio-Limette, geschält und in Stücke geschnitten
- 1 EL Honig
- 1 EL gehackte Nüsse, z.B. Mandeln oder Walnüsse
- Ein paar frische Minzblätter, klein gehackt
- 1 TL Chiasamen
- 1 TL Leinsamen

Zubereitung:

1. Starte, indem du eine tiefe Schale nimmst und den Joghurt hineingibst.
2. Verteile danach das Müsli gleichmäßig über den Joghurt.
3. Nun kannst du die vorbereiteten Orangen- und Limettenstücke über das Müsli legen.
4. Streue die gehackten Nüsse, Chiasamen und Leinsamen über die Zitrusfrüchte.
5. Träufle den Honig über die Zutaten in der Schale.
6. Zum Schluss garnierst du die Bowl mit den klein gehackten frischen Minzblättern.
7. Jetzt nimm einen Löffel und vermische alles gut miteinander, oder genieße es schichtweise, je nach deinem Geschmack. Guten Appetit.

Kokos-Ananas-Quinoa-Bowl

Zubereitungszeit: 25 Minuten
Portionen: 1 Bowl

Zutaten:

- 100 g Quinoa, gut gespült und abgetropft
- 200 ml Kokosmilch, ungesüßt
- 150 g Ananas, gewürfelt
- 2 EL Kokosflocken
- 1 EL Honig
- 1 EL Bio-Limettensaft
- 1 EL frische Minze, fein gehackt
- 1 Prise Salz
- 50 g Granatapfelkerne
- 1 EL Kokosöl

Zubereitung:

1. In einem Topf die Kokosmilch erhitzen, Quinoa und eine Prise Salz hinzufügen und nach Packungsanweisung garen.

2. Währenddessen die Ananasstücke in einer Pfanne mit 1 EL Kokosöl anbraten, bis sie goldbraun sind.

3. In einer kleinen Schüssel Honig und Limettensaft vermischen und die Ananasstücke damit beträufeln.

4. Wenn der Quinoa gar ist, diesen aus dem Topf nehmen und in eine Schüssel geben.

5. Die angebratenen Ananasstücke und Granatapfelkerne über den Quinoa geben.

6. Alles mit Kokosflocken und frischer Minze bestreuen.

7. Zum Schluss nochmals leicht umrühren. Guten Appetit.

Vegane Bowls

Quinoa-Kichererbsen-Bowl

Zubereitungszeit: 25 Minuten
Portionen: 1 Bowl

Zutaten:

- 100 g Quinoa, gut gespült und abgetropft
- 100 g Kichererbsen, gekocht und abgespült
- 1 kleine Zucchini, in Scheiben geschnitten
- 1 kleine Möhre, in dünne Streifen geschnitten
- 50 g Cherrytomaten, halbiert
- 1/2 Avocado, in Scheiben
- 1 Frühlingszwiebel, in Ringe geschnitten
- 30 g Babyspinat, gewaschen
- 2 EL natives Olivenöl extra
- 1 EL Balsamico-Essig
- 1 TL Dijon-Senf
- Salz und Pfeffer, nach Geschmack

Zubereitung:

1. Koche den Quinoa gemäß den Anweisungen auf der Verpackung und lasse ihn etwas abkühlen.

2. Bereite in der Zwischenzeit das Gemüse vor. Brate die Zucchinischeiben in 1 EL Olivenöl bei mittlerer Hitze an, bis sie goldbraun und weich sind.

3. Mische in einer kleinen Schüssel 1 EL Olivenöl, Balsamico-Essig, Dijon-Senf, Salz und Pfeffer zusammen, um ein einfaches Dressing herzustellen.

4. In einer großen Schüssel mische den gekochten Quinoa, Kichererbsen, gebratene Zucchini, Möhrenstreifen, Cherrytomaten, Avocadoscheiben, Frühlingszwiebelringe und Babyspinat.

5. Gieße das Dressing über die Bowl und vermische alles gut miteinander. Guten Appetit.

Süßkartoffel-Spinat-Bowl

Zubereitungszeit: 30 Minuten
Portionen: 1 Bowl

Zutaten:

- 1 mittelgroße Süßkartoffel, gewürfelt
- 80 g frischer Spinat, gewaschen
- 100 g Quinoa, gut gespült und abgetropft
- 1 TL natives Olivenöl extra
- 1 kleine rote Zwiebel, fein gewürfelt
- 1 kleine Knoblauchzehe, fein gehackt
- 200 ml Gemüsebrühe
- 1 EL Bio-Zitronensaft
- Salz und Pfeffer nach Geschmack
- 1 EL Sonnenblumenkerne
- 1 TL Chiasamen
- Frische Petersilie, gehackt

Zubereitung:

1. Koche die Quinoa nach Packungsanweisung in der Gemüsebrühe, bis sie weich und die gesamte Brühe aufgenommen ist.

2. Erhitze währenddessen das Olivenöl in einer Pfanne über mittlerer Hitze. Füge die Zwiebel und den Knoblauch hinzu und dünste sie, bis sie weich sind und duften.

3. Gib die gewürfelten Süßkartoffeln in die Pfanne und brate sie, bis sie goldbraun und weich sind. Du kannst ein wenig Wasser hinzufügen, um das Garen zu beschleunigen.

4. Wenn die Süßkartoffeln fast gar sind, füge den Spinat hinzu und dünste weiter, bis der Spinat zusammengefallen und weich ist.

5. Würze das Gemüse mit Salz, Pfeffer und Zitronensaft. Vermische es gut und lasse es ein paar Minuten ziehen.

6. Richte die Quinoa in einer Bowl an. Füge das gebratene Gemüse darüber.

7. Streue Sonnenblumenkerne, Chiasamen und frische Petersilie über die Bowl und serviere sie. Guten Appetit.

Avocado-Tomaten-Bowl

Zubereitungszeit: 20 Minuten
Portionen: 1 Bowl

Zutaten:

- 1 reife Avocado, gewürfelt
- 150 g Kirschtomaten, halbiert
- 100 g Couscous, gut gespült und abgetropft
- 50 g frischer Spinat, gewaschen
- 30 g rote Zwiebel, fein gewürfelt
- 1 EL natives Olivenöl extra
- 1 EL frischer Bio-Zitronensaft
- 1 TL Chiasamen
- Salz und Pfeffer nach Geschmack
- Eine Prise Kreuzkümmel
- Einige frische Basilikumblätter, fein gehackt
- Eine Prise Paprikapulver, edelsüß

Zubereitung:

1. Koche den Couscous nach Packungsanleitung und lasse ihn leicht abkühlen.

2. Während der Couscous kocht, schneide die Avocado und die Tomaten, und würfle die Zwiebel fein.

3. Mische in einer großen Schüssel Avocado, Tomaten, Zwiebel, und Spinat.

4. Füge dann den gekochten Couscous hinzu und vermische alles gut.

5. Mische in einer kleinen Schüssel Olivenöl, Zitronensaft, Salz, Pfeffer, Kreuzkümmel, und Paprikapulver zusammen, um ein Dressing zu machen.

6. Gieße das Dressing über die Couscous-Mischung und mische alles nochmals gut durch.

7. Bestreue die Bowl zum Schluss mit Chiasamen und frischem Basilikum. Guten Appetit.

Pilz-Brokkoli-Bowl

Zubereitungszeit: 30 Minuten
Portionen: 1 Bowl

Zutaten:

- 200 g Brokkoli, in kleine Röschen geschnitten
- 150 g gemischte frische Pilze (z.B. Champignons, Shiitake), gesäubert und in Scheiben geschnitten
- 100 g Quinoa, gut gespült und abgetropft
- 1 kleine rote Zwiebel, fein gewürfelt
- 1 Knoblauchzehe, fein gehackt
- 1 EL natives Olivenöl extra
- 1 EL Sojasauce
- 1 EL Ahornsirup
- 1 TL Senf
- Saft einer halben Bio-Zitrone
- Salz und Pfeffer nach Geschmack
- Eine Handvoll frische Petersilie, gehackt
- 50 g Avocado, gewürfelt
- 50 ml Kokosmilch, ungesüßt
- 1 TL Sesamsamen, geröstet

Zubereitung:

1. Koche die Quinoa nach Packungsanweisung und stelle es beiseite.

2. Während die Quinoa kocht, erhitze das Olivenöl in einer Pfanne über mittlerer Hitze. Füge die Zwiebeln und den Knoblauch hinzu und dünste sie, bis sie weich und goldbraun sind.

3. Füge die Pilze hinzu und brate sie, bis sie ihre Flüssigkeit verloren haben und goldbraun sind. Füge dann den Brokkoli hinzu und brate weiter, bis er weich, aber noch bissfest ist.

4. In einer kleinen Schüssel vermische Sojasauce, Ahornsirup, Senf und Zitronensaft miteinander und gieße das über das Gemüse in der Pfanne. Lass alles kurz aufkochen und reduziere die Hitze. Lass es 5 Minuten köcheln und würze mit Salz und Pfeffer nach Geschmack.

5. Richte die gekochte Quinoa in einer Bowl an. Lege das gebratene Gemüse darüber.

6. Garniere die Bowl mit Avocado, Petersilie und Sesamsamen.

7. Gieße die Kokosmilch über die Bowl und serviere sie. Guten Appetit.

Linsen-Kokos-Bowl

Zubereitungszeit: 25 Minuten
Portionen: 1 Bowl

Zutaten:

- 100 g grüne Linsen, gewaschen
- 1 EL Kokosöl
- 1 kleine rote Zwiebel, fein gewürfelt
- 1 Knoblauchzehe, fein gehackt
- 200 ml Kokosmilch, ungesüßt
- 100 g Kirschtomaten, halbiert
- 1 EL Sojasoße
- 1 EL frisch gepresster Bio-Zitronensaft
- 50 g Baby-Spinat, gewaschen
- 2 EL frischer Koriander, gehackt
- Salz und Pfeffer nach Geschmack
- 1 TL Sesamsamen
- 1 TL Kokosflocken

Zubereitung:

1. Koche die Linsen nach Packungsanleitung in einem Topf mit Wasser und einer Prise Salz. Wenn sie weich sind, gieße das überschüssige Wasser ab und stelle die Linsen beiseite.

2. Erhitze währenddessen das Kokosöl in einer Pfanne über mittlerer Hitze. Füge die Zwiebel und den Knoblauch hinzu und dünste sie, bis sie weich und golden sind.

3. Gieße die Kokosmilch in die Pfanne und lasse sie etwa 5 Minuten köcheln, bis sie leicht eingedickt ist. Rühre dabei ab und zu um.

4. Füge die halbierten Kirschtomaten, die Sojasoße und den Zitronensaft hinzu. Lasse alles weitere 5 Minuten köcheln.

5. Mische nun die gekochten Linsen und den Spinat unter und lasse die Mischung so lange köcheln, bis der Spinat welk ist. Schmecke mit Salz und Pfeffer ab.

6. Gib die Linsen-Kokos-Mischung in eine Bowl und garniere sie mit dem frischen Koriander, den Sesamsamen und den Kokosflocken. Guten Appetit.

Thai-Ingwer-Gemüse-Bowl

Zubereitungszeit: 25 Minuten
Portionen: 1 Bowl

Zutaten:

- 150 g Quinoa, gut gespült
- 300 ml Gemüsebrühe
- 1 mittelgroße Karotte, geschält und in Streifen geschnitten
- 1 rote Paprika, entkernt und in Streifen geschnitten
- 1 kleine Zucchini, in Scheiben geschnitten
- 1 Frühlingszwiebel, in Ringe geschnitten
- 2 EL Sojasoße
- 1 EL Erdnussöl
- 1 TL frischer Ingwer, fein gehackt
- 1 TL Kokosblütenzucker
- 1 Handvoll frischer Koriander, grob gehackt
- 1 kleine rote Chili, entkernt und fein geschnitten
- 1 Bio-Limette, in Spalten geschnitten

Zubereitung:

1. Setze die Gemüsebrühe in einem Topf auf und bringe sie zum Kochen. Füge die Quinoa hinzu und koche sie bei mittlerer Hitze in etwa 15 Minuten gar. Dann vom Herd nehmen und abdecken.

2. In der Zwischenzeit erhitzt du das Erdnussöl in einer Pfanne über mittlerer Hitze. Füge den frischen Ingwer hinzu und brate ihn kurz an, bis er duftet.

3. Gib die Karottenstreifen, Paprikastreifen, und Zucchinischeiben dazu und brate das Gemüse für etwa 5-7 Minuten, oder bis es leicht gebräunt und weich, aber noch bissfest ist.

4. Mische die Sojasoße und den Kokosblütenzucker in einer kleinen Schale und gieße die Mischung über das Gemüse. Schwenke die Pfanne, um das Gemüse gleichmäßig zu überziehen und lasse es noch 2 Minuten weiterkochen.

5. Richte die Quinoa in einer Bowl an und lege das Gemüse darauf. Bestreue es mit Frühlingszwiebelringen, frischem Koriander und, wenn du magst, mit fein geschnittener roter Chili. Garniere deine Bowl mit Limettenspalten. Drücke vor dem Essen etwas Limettensaft über deine Bowl. Guten Appetit.

Auberginen-Bulgur-Bowl

Zubereitungszeit: 30 Minuten
Portionen: 1 Bowl

Zutaten:

- 1 mittelgroße Aubergine, in Würfel geschnitten
- 100 g grober Bulgur, gewaschen
- 1 Frühlingszwiebel, fein gehackt
- 1 rote Paprika, in Würfel geschnitten
- 1 TL natives Olivenöl extra
- 1 TL Kreuzkümmel, gemahlen
- 1 TL Paprikapulver, edelsüß
- Salz und Pfeffer, nach Geschmack
- 1 Handvoll frische Petersilie, gehackt
- 150 ml Gemüsebrühe
- 1 EL Bio-Zitronensaft
- 1 EL Tahini (Sesampaste)
- 50 g Cherrytomaten, halbiert
- 1 EL Granatapfelkerne

Zubereitung:

1. Erhitze das Olivenöl in einer Pfanne und brate die Auberginenwürfel an, bis sie golden und weich sind. Würze sie mit Salz, Pfeffer, Kreuzkümmel und Paprikapulver.

2. In der Zwischenzeit koche den Bulgur nach Packungsanweisung in der Gemüsebrühe, bis er gar ist und stelle ihn beiseite.

3. Vermenge in einer kleinen Schüssel Tahini und Zitronensaft, um eine glatte Soße zu erhalten. Falls nötig, füge ein wenig Wasser hinzu, um die gewünschte Konsistenz zu erreichen.

4. Mische den gekochten Bulgur mit der Frühlingszwiebel, der roten Paprika, den Cherrytomaten und der frischen Petersilie. Gib die gebratenen Auberginen dazu.

5. Gib die Bulgur-Auberginen-Mischung in eine Bowl und garniere sie mit Granatapfelkernen. Träufle die Tahini-Zitronen-Soße darüber. Guten Appetit.

Rote-Bete-Hirse-Bowl

Zubereitungszeit: 30 Minuten
Portionen: 1 Bowl

Zutaten:

- 150 g Hirse, gewaschen und abgetropft
- 200 g Rote Bete, gewürfelt und geschält
- 1 EL natives Olivenöl extra
- 1 kleine Zwiebel, gewürfelt
- 1 Knoblauchzehe, fein gehackt
- 1 TL Kreuzkümmel, gemahlen
- 500 ml Gemüsebrühe
- 100 g Baby-Spinat, gewaschen
- 50 g Avocado, in Scheiben geschnitten
- 2 EL Bio-Zitronensaft
- Salz und Pfeffer nach Geschmack
- Ein paar frische Korianderblätter, gewaschen und gehackt
- 1 EL Sonnenblumenkerne, geröstet

Zubereitung:

1. In einem mittelgroßen Topf das Olivenöl erhitzen und Zwiebeln sowie Knoblauch darin andünsten, bis sie weich und goldbraun sind.

2. Rote Bete Würfel hinzufügen und kurz mit anbraten.

3. Hirse und Kreuzkümmel in den Topf geben und unter Rühren 1-2 Minuten mitbraten.

4. Mit Gemüsebrühe ablöschen. Alles aufkochen lassen und dann die Hitze reduzieren. Lass es etwa 20 Minuten köcheln, oder bis die Hirse weich und die Flüssigkeit aufgenommen ist.

5. Während die Hirse kocht, in einer kleinen Pfanne die Sonnenblumenkerne ohne Fett rösten, bis sie goldbraun sind.

6. Wenn die Hirse gar ist, den Topf vom Herd nehmen und den Spinat unterrühren, bis er welk ist.

7. Avocado in Scheiben schneiden und mit Zitronensaft beträufeln.

8. Zum Schluss die Hirse in eine Bowl geben, mit Avocado, gerösteten Sonnenblumenkernen, und frischem Koriander garnieren. Mit Salz, Pfeffer und eventuell etwas mehr Zitronensaft abschmecken.

Zucchini-Nudeln-Bowl

Zubereitungszeit: 30 Minuten
Portionen: 1 Bowl

Zutaten:

- 1 mittelgroße Zucchini, spiralförmig geschnitten
- 100 g Kirschtomaten, halbiert
- 1 Frühlingszwiebel, in feine Ringe geschnitten
- 50 g Rucola, gewaschen
- 50 g Cashewkerne, grob gehackt
- 2 EL natives Olivenöl extra
- 1 EL Sojasauce
- 1 EL Apfelessig
- 1 TL Agavendicksaft
- Salz & Pfeffer
- 1 TL Sesamsamen
- 1 TL Chiasamen

Zubereitung:

1. Koche Wasser in einem Topf und gare die Zucchini-Nudeln darin für 2-3 Minuten, bis sie leicht weich sind. Achte darauf, dass du sie nicht zu lange kochst, damit sie nicht matschig werden.

2. Gieße die Zucchini-Nudeln ab und schrecke sie mit kaltem Wasser ab, um den Garprozess zu stoppen.

3. Vermenge die Kirschtomaten, Frühlingszwiebeln und Rucola in einer großen Schüssel.

4. Röste die Cashewkerne in einer Pfanne ohne Öl, bis sie golden sind.

5. In einer kleinen Schüssel vermische Olivenöl, Sojasauce, Apfelessig und Agavendicksaft miteinander und schmecke die Sauce mit Salz und Pfeffer ab.

6. Gib die abgeschreckten Zucchini-Nudeln zu dem Gemüse in die Schüssel und gieße die Sauce darüber. Vermenge alles gut miteinander.

7. Richte die Bowl an und streue die gerösteten Cashewkerne, Sesam- und Chiasamen darüber. Guten Appetit.

Kürbis-Curry-Bowl

Zubereitungszeit: 35 Minuten
Portionen: 1 Bowl

Zutaten:

- 200 g Hokkaido Kürbis, gewürfelt
- 150 g Quinoa, gut gespült und abgetropft
- 200 ml Kokosmilch, ungesüßt
- 1 TL Currypulver
- 1 EL Kokosöl
- 1 mittelgroße Zwiebel, fein gewürfelt
- 1 kleine rote Chilischote, entkernt und fein gehackt
- Salz und Pfeffer, nach Geschmack
- 2 EL frischer Koriander, gehackt
- 100 g Spinat, gewaschen
- 1 EL Bio-Limettensaft
- 50 g geröstete Cashewkerne, grob gehackt

Zubereitung:

1. Starte mit dem Quinoa. Gib es in einen Topf mit 300 ml Wasser, bringe es zum Kochen und lass es dann 15 Minuten auf niedriger Flamme köcheln, bis das Wasser aufgenommen ist und der Quinoa gar ist.

2. Während der Quinoa kocht, erhitze das Kokosöl in einer Pfanne und füge die Zwiebeln hinzu. Dünste sie, bis sie weich und goldbraun sind.

3. Gib die Kürbiswürfel in die Pfanne zu den Zwiebeln. Brate sie für etwa 10 Minuten, bis sie weich sind.

4. Streue das Currypulver über den Kürbis und die Zwiebeln und vermische alles gut.

5. Füge nun die Kokosmilch hinzu und lass alles für weitere 10 Minuten bei mittlerer Hitze köcheln.

6. Würze mit Salz, Pfeffer und Limettensaft ab.

7. Mische den Spinat unter das Kürbis-Curry und lass ihn in der heißen Sauce zusammenfallen.

8. Sobald der Quinoa fertig ist, verteile ihn in der Bowl und gib das Kürbis-Curry darüber.

9. Bestreue die Bowl zum Schluss mit dem frischen Koriander und den grob gehackten Cashewkernen. Guten Appetit.

Fitness-Bowls

Hähnchen-Avocado-Bowl

Zubereitungszeit: 20 Minuten
Portionen: 1 Bowl

Zutaten:

- 150 g Hähnchenbrust, in Streifen geschnitten
- 1 reife Avocado, gewürfelt
- 80 g Quinoa, gut gespült und abgetropft
- 50 g Cherrytomaten, halbiert
- 30 g Rucola, gewaschen
- 1 EL natives Olivenöl extra
- 1 TL Bio-Zitronensaft
- Salz und Pfeffer, nach Geschmack
- 1 Frühlingszwiebel, in Ringe geschnitten
- 100 ml Hühnerbrühe
- 1 TL Chiliflocken (oder nach Belieben)
- 1 TL Honig
- 2 EL Naturjoghurt

Zubereitung:

1. Koche die Quinoa gemäß der Packungsanleitung in der Hühnerbrühe und lasse sie dann abkühlen.

2. Erhitze das Olivenöl in einer Pfanne über mittlerer Hitze. Brate die Hähnchenstreifen etwa 5-7 Minuten oder bis sie durchgebraten sind. Würze sie mit Salz, Pfeffer und mit Chiliflocken.

3. Mische in einer kleinen Schüssel den Naturjoghurt, Zitronensaft, Honig und eine Prise Salz zu einem Dressing.

4. Lege den Rucola in die Bowl. Füge die gekochte Quinoa, die Avocadowürfel, die Tomaten und die Hähnchenstreifen hinzu.

5. Gib das Dressing über die Zutaten in der Bowl und vermische alles gut miteinander. Bestreue die Bowl zum Schluss mit den Frühlingszwiebelringen. Guten Appetit.

Rindfleisch-Brokkoli-Bowl

Zubereitungszeit: 25 Minuten
Portionen: 1 Bowl

Zutaten:

- 150 g Rindfleisch, in dünne Streifen geschnitten
- 150 g Brokkoli, in kleine Röschen geteilt
- 80 g Couscous, gut gespült und abgetropft
- 1 Frühlingszwiebel, fein gehackt
- 1 Karotte, in dünne Streifen geschnitten
- 1 rote Paprika, gewürfelt
- 1 EL Sojasauce
- 1 EL Teriyaki-Würzsauce
- 1 EL natives Olivenöl extra
- 1 TL Sesamöl
- 1 TL Sesamsamen
- 1 TL Honig
- Salz und Pfeffer nach Geschmack

Zubereitung:

1. Koche den Couscous nach Packungsanleitung und stelle ihn beiseite, wenn er fertig ist.

2. Erhitze das Olivenöl in einer Pfanne über mittlerer Hitze. Gib das geschnittene Rindfleisch hinzu, würze es mit Salz und Pfeffer und brate es, bis es schön gebräunt ist. Dann nimm es aus der Pfanne und lege es beiseite.

3. Im gleichen Öl brate den Brokkoli, die Karotte und die rote Paprika an, bis sie gar, aber noch bissfest sind. Wenn nötig, füge noch ein wenig Öl hinzu.

4. Füge das gebratene Rindfleisch wieder hinzu, gieße die Sojasauce, Teriyakisauce und den Honig darüber und lasse alles zusammen ein paar Minuten köcheln.

5. Vermische in der Zwischenzeit den Couscous mit dem Sesamöl und den gehackten Frühlingszwiebeln.

6. Gib den Couscous als Basis in deine Bowl, füge das Rindfleisch und Gemüse hinzu und garniere das Ganze mit Sesamsamen. Guten Appetit.

Thunfisch-Quinoa-Bowl

Zubereitungszeit: 25 Minuten
Portionen: 1 Bowl

Zutaten:

- 150 g Quinoa, gut gespült und abgetropft
- 200 g frischer Thunfisch, in Würfel geschnitten
- 1 mittelgroße Avocado, gewürfelt
- 10 Cherrytomaten, halbiert
- 1 kleine rote Zwiebel, fein gewürfelt
- 1 EL natives Olivenöl extra
- 1 TL Bio-Zitronensaft
- 1 EL frischer Koriander, gehackt
- Salz und Pfeffer zum Abschmecken
- 50 g Feta, zerbröselt
- 1 Handvoll Rucola, gewaschen und getrocknet

Zubereitung:

1. Koch die Quinoa nach Packungsanleitung und lass sie danach abkühlen.

2. Würz den Thunfisch mit Salz und Pfeffer. Erhitze das Olivenöl in einer Pfanne und brat den Thunfisch von jeder Seite ca. 1-2 Minuten an. Er sollte innen noch leicht rosa sein.

3. In der Zwischenzeit kannst du das Gemüse vorbereiten. Vermeng die gewürfelte Avocado, halbierten Cherrytomaten, gewürfelte rote Zwiebel, Zitronensaft, frischen Koriander, Salz und Pfeffer in einer Schüssel. Gut umrühren!

4. Sobald der Quinoa und der Thunfisch fertig sind, kannst du deine Bowl zusammenstellen. Gib zuerst den Quinoa in eine Schüssel, füge das Gemüse, den Thunfisch, den zerbröselten Feta und den Rucola hinzu. Wenn du magst, kannst du alles noch mit ein bisschen Olivenöl und Zitronensaft beträufeln. Guten Appetit.

Eiweißreiche Linsen-Bowl

Zubereitungszeit: 25 Minuten
Portionen: 1 Bowl

Zutaten:

- 100 g Linsen, gewaschen
- 1 Karotte, geschält und gewürfelt
- 1 Paprika, gewürfelt
- 50 g Couscous, gut gespült und abgetropft
- 50 g Feta, zerbröckelt
- 1 Frühlingszwiebel, in Ringe geschnitten
- 2 EL natives Olivenöl extra
- 1 TL Kreuzkümmel, gemahlen
- 1 TL Paprikapulver, edelsüß
- Salz und Pfeffer nach Geschmack
- 200 ml Wasser
- 1 Handvoll Baby-Spinat, gewaschen
- 1 EL Bio-Zitronensaft
- 1 EL Petersilie, gehackt

Zubereitung:

1. Setze die Linsen in einem Topf mit 200 ml Wasser auf. Lass sie etwa 20 Minuten kochen, bis sie weich sind, aber noch Biss haben.

2. Während die Linsen kochen, erhitze 1 EL Olivenöl in einer Pfanne. Gib die gewürfelten Karotten und Paprika in die Pfanne und brate sie etwa 5 Minuten an, bis sie weich sind.

3. In einem kleinen Topf koche den Couscous nach den Anweisungen auf der Verpackung.

4. Wenn die Linsen fertig gekocht sind, mische Kreuzkümmel, Paprikapulver, Salz und Pfeffer unter und lasse es kurz mitkochen.

5. Lege zuerst die Linsen in die Bowl, dann das gebratene Gemüse und den gekochten Couscous.

6. Verteile den Feta und die Frühlingszwiebeln gleichmäßig über die anderen Zutaten.

7. Träufele den restlichen Olivenöl und den Zitronensaft über die Bowl und garniere das Ganze mit der frisch gehackten Petersilie und dem Baby-Spinat. Guten Appetit.

Garnelen-Zitronen-Bowl

Zubereitungszeit: 20 Minuten
Portionen: 1 Bowl

Zutaten:

- 150 g Garnelen, geschält und entdarmt
- 1 Bio-Zitrone, in Scheiben geschnitten
- 100 g Quinoa, gut gespült und abgetropft
- 1 kleine Avocado, in Würfel geschnitten
- 10 Kirschtomaten, halbiert
- 1 Frühlingszwiebel, in Ringe geschnitten
- 1 EL natives Olivenöl extra
- 1 TL Chiliflocken
- 50 g Baby-Spinat, gewaschen
- Salz und Pfeffer nach Geschmack
- 1 EL frische Petersilie, gehackt

Zubereitung:

1. Setze zuerst 250 ml Wasser auf und koche die Quinoa nach Packungsanweisung. In der Regel dauert es etwa 15 Minuten, bis die Quinoa gar ist. Vergiss nicht, sie danach abzuseihen und kurz abkühlen zu lassen.

2. Während die Quinoa kocht, erhitzt du 1 EL Olivenöl in einer Pfanne über mittlerer Hitze. Gib die Garnelen hinzu und brate sie ca. 2 Minuten von jeder Seite, oder bis sie rosa und fest sind.

3. Füge die Chiliflocken hinzu und schwenke die Garnelen darin, bis sie schön würzig sind. Nimm dann die Pfanne vom Herd und lege die Garnelen beiseite.

4. Wenn die Quinoa und die Garnelen fertig sind, kannst du deine Bowl zusammenstellen. Gib zuerst die Quinoa in die Schüssel, füge dann die Garnelen, die Avocado, die Kirschtomaten und den Spinat hinzu.

5. Drücke ein paar Zitronenscheiben über deiner Bowl aus, um sie mit frischem Zitronensaft zu beträufeln.

6. Streue zum Schluss die Frühlingszwiebeln und die Petersilie über die Bowl, würze mit Salz und Pfeffer nach Geschmack. Guten Appetit.

Putenfleisch-Süßkartoffel-Bowl

Zubereitungszeit: 30 Minuten
Portionen: 1 Bowl

Zutaten:

- 150 g Putenbrust, in Streifen geschnitten
- 200 g Süßkartoffeln, geschält und in Würfel geschnitten
- 50 g Quinoa, gut gespült und abgetropft
- 100 g Kirschtomaten, halbiert
- 1 Avocado, in Scheiben geschnitten
- 50 g Blattspinat, gewaschen
- 2 EL natives Olivenöl extra
- 1 EL Bio-Zitronensaft
- Salz und Pfeffer nach Geschmack
- 1 TL Paprikapulver, edelsüß
- 1 EL frische Petersilie, fein gehackt

Zubereitung:

1. Setze Wasser in einem Topf auf und koche die Quinoa nach Packungsanweisung.

2. Während die Quinoa kocht, erhitzt du 1 EL Olivenöl in einer Pfanne und brätst die Putenstreifen darin an, bis sie goldbraun und durchgebraten sind. Würze die Putenstreifen mit Salz, Pfeffer und Paprikapulver.

3. In der Zwischenzeit kannst du die Süßkartoffelwürfel in einem weiteren Topf mit Wasser etwa 15 Minuten kochen, bis sie weich sind.

4. Bereite nun ein Dressing vor, indem du 1 EL Olivenöl mit Zitronensaft, Salz, Pfeffer und Petersilie vermengst.

5. Wenn Quinoa, Süßkartoffel und Putenstreifen fertig sind, kannst du deine Bowl anrichten. Gib zuerst die Quinoa als Basis in die Bowl und füge dann die Süßkartoffelwürfel, die Putenstreifen, die Kirschtomaten, die Avocadoscheiben und den Blattspinat hinzu.

6. Gieße zum Schluss das Dressing über deine Bowl und vermische alles leicht miteinander. Guten Appetit.

Hähnchen-Gemüse-Bowl

Zubereitungszeit: 30 Minuten
Portionen: 1 Bowl

Zutaten:

- 150 g Hähnchenbrust, in Würfel geschnitten
- 80 g Couscous, gut gespült und abgetropft
- 50 g Spinat, frisch und gewaschen
- 80 g Kirschtomaten, halbiert
- 50 g Gurke, in Scheiben geschnitten
- 1 Möhre, geschält und in dünne Streifen geschnitten
- 1 Frühlingszwiebel, in Ringe geschnitten
- 1 EL natives Olivenöl extra
- Salz und Pfeffer nach Belieben
- 1 TL Paprikapulver, edelsüß
- 50 ml Naturjoghurt
- 1 TL Bio-Zitronensaft
- 1 EL frische Petersilie, fein gehackt
- 200 ml Wasser

Zubereitung:

1. Setze einen Topf mit dem Wasser auf und koche den Couscous nach Packungsanweisung. Sobald der Couscous gar ist, vom Herd nehmen und beiseitestellen.

2. Erhitze das Olivenöl in einer Pfanne bei mittlerer Hitze. Füge die Hähnchenwürfel hinzu, würze sie mit Salz, Pfeffer und Paprikapulver und brate sie, bis sie durchgegart und goldbraun sind.

3. In der Zwischenzeit bereite das Gemüse vor: Halbiere die Kirschtomaten, schneide die Gurke in Scheiben, die Möhre in Streifen und die Frühlingszwiebel in Ringe.

4. Bereite das Dressing vor: Mische den Joghurt mit Zitronensaft und gehackter Petersilie und würze mit Salz und Pfeffer.

5. Lege den Spinat als Basis in eine Bowl. Verteile den Couscous, das Gemüse und das Hähnchen darüber. Gib das Dressing darüber und garniere mit Frühlingszwiebelringen. Guten Appetit.

Tofu-Teriyaki-Bowl

Zubereitungszeit: 30 Minuten
Portionen: 1 Bowl

Zutaten:

- 150 g Tofu, in Würfel geschnitten
- 60 ml Teriyaki-Würzsauce
- 70 g Basmatireis, gewaschen
- 1 Möhre, in feine Streifen geschnitten
- 100 g Brokkoli, in kleine Röschen geteilt
- 1 Frühlingszwiebel, in Ringe geschnitten
- 1 TL Sesamöl
- 1 EL Sesamsamen
- 1 EL Sojasauce
- 1 TL Ingwer, fein gerieben
- 1 TL Honig
- Frischer Koriander, gehackt (nach Geschmack)
- Salz und Pfeffer

Zubereitung:

1. Du beginnst damit, den Basmatireis nach Packungsanweisung zu kochen.

2. In der Zwischenzeit erhitzt du etwas Sesamöl in einer Pfanne und brätst den Tofu darin an, bis er goldbraun ist.

3. Anschließend gibst du Teriyakisauce, Sojasauce, geriebenen Ingwer und Honig dazu und lässt es auf mittlerer Hitze köcheln, bis die Sauce leicht eingedickt ist.

4. Während der Tofu köchelt, kannst du den Brokkoli und die Möhrenstreifen in kochendem Wasser kurz blanchieren, so dass sie noch bissfest sind.

5. Sobald alles fertig ist, legst du den gekochten Reis in eine Bowl und verteilst darauf den Tofu, Brokkoli und die Möhren.

6. Streue die Frühlingszwiebelringe, Sesamsamen und den frischen Koriander darüber und beträufle das Ganze mit der übrigen Sauce aus der Pfanne.

7. Abschließend schmeckst du deine Bowl mit Salz und Pfeffer ab. Guten Appetit.

Lachs-Grünkohl-Bowl

Zubereitungszeit: 25 Minuten
Portionen: 1 Bowl

Zutaten:

- 150 g Lachsfilet, frisch und hautlos
- 100 g Grünkohl, gewaschen und gehackt
- 50 g Quinoa, gut gespült und abgetropft
- 1 Avocado, halbiert und entkernt
- 10 Kirschtomaten, halbiert
- 1 EL natives Olivenöl extra
- 1 EL Sojasauce
- 1 TL Senf
- 1 TL Honig
- Saft von einer halben Bio-Zitrone
- Salz und Pfeffer nach Geschmack
- 1 EL frischer Koriander, gehackt

Zubereitung:

1. Setze 250 ml Wasser auf und koche die Quinoa nach Packungsanweisung. Wenn sie gar ist, vom Herd nehmen und abdecken.

2. In der Zwischenzeit erhitzt du das Olivenöl in einer Pfanne über mittlerer Hitze. Wenn das Öl heiß ist, brate das Lachsfilet 2-3 Minuten von jeder Seite oder bis es gar ist. Aus der Pfanne nehmen und zur Seite stellen.

3. Im selben Öl den Grünkohl anbraten, bis er weich und leicht knusprig ist. Mit Salz und Pfeffer würzen und beiseitestellen.

4. In einer kleinen Schüssel mischst du Sojasauce, Senf, Honig und Zitronensaft, um ein Dressing herzustellen.

5. Jetzt ist es Zeit, die Bowl zusammenzustellen! Lege zuerst die Quinoa in eine Schüssel, dann füge den Grünkohl, das Lachsfilet, die Avocado und die Tomaten hinzu.

6. Gieße das Dressing über die Bowl und garniere sie mit dem frischen Koriander. Guten Appetit.

Ei-Spinat-Bowl

Zubereitungszeit: 20 Minuten
Portionen: 1 Bowl

Zutaten:

- 2 Bio-Eier, hartgekocht und geschält
- 100 g frischer Spinat, gewaschen und gehackt
- 50 g Reisnudeln
- 1 reife Avocado, gewürfelt
- 1 rote Paprika, gewürfelt
- 1 EL natives Olivenöl extra
- 1 TL Balsamico Essig
- 1 TL Agavendicksaft
- Salz und Pfeffer
- 1 EL Feta, zerbröckelt
- 1 EL Kürbiskerne, geröstet

Zubereitung:

1. Koche die Reisnudeln nach Packungsanweisung. Währenddessen die Eier hartkochen, schälen und vierteln.

2. In einer kleinen Pfanne die Kürbiskerne ohne Öl leicht rösten, bis sie duften. Vorsicht, dass sie nicht verbrennen!

3. In einer weiteren Pfanne erhitzt du das Olivenöl und dünstest den Spinat darin an, bis er zusammenfällt. Mit Salz und Pfeffer würzen.

4. Für das Dressing mischst du Balsamico Essig, Agavendicksaft, Salz und Pfeffer in einer kleinen Schüssel.

5. Jetzt darfst du deine Bowl kreativ anrichten! Spinat kommt als Basis in die Schüssel, darauf verteilst du die gekochten Reisnudeln, Avocado- und Paprikawürfel.

6. Die Eiviertel legst du rund um den Spinat.

7. Zum Schluss gießt du das Dressing darüber, streust den zerbröckelten Feta und die gerösteten Kürbiskerne darüber. Guten Appetit.

Sommer-Bowls

Wassermelonen-Feta-Bowl

Zubereitungszeit: 15 Minuten
Portionen: 1 Bowl

Zutaten:

- 250 g Wassermelone, in Würfel geschnitten
- 100 g Feta, zerbröselt
- 50 g frische Minzblätter, gehackt
- 60 g schwarze Oliven, entkernt und halbiert
- 1 kleine rote Zwiebel, dünn geschnitten
- 1 Bio-Limette, der Saft
- 1 EL natives Olivenöl extra
- Salz und Pfeffer nach Geschmack
- 100 g gemischte Salatblätter, gewaschen
- 1 TL Sonnenblumenkerne
- 1 TL Honig, optional

Zubereitung:

1. Du startest, indem du die Wassermelonenwürfel, die zerbröselten Feta, die gehackte Minze, die halbierten Oliven und die dünn geschnittenen roten Zwiebeln in eine große Schüssel gibst.

2. In einer kleinen Schüssel mischst du den Limettensaft und das Olivenöl zusammen. Wenn du magst, kannst du auch einen Teelöffel Honig hinzufügen, um eine süße Note zu erhalten.

3. Du gießt die Limetten-Olivenöl-Mischung über die Wassermelonenmischung und würzt alles mit Salz und Pfeffer nach deinem Geschmack. Vorsichtig vermengst du alle Zutaten miteinander, sodass alles schön mit der Limetten-Olivenöl-Mischung überzogen ist.

4. Nun legst du die gemischten Salatblätter in eine Bowl und gibst die Wassermelonenmischung darüber.

5. Zum Schluss streust du die Sonnenblumenkerne über die Bowl. Guten Appetit.

Tomaten-Mozzarella-Bowl

Zubereitungszeit: 15 Minuten
Portionen: 1 Bowl

Zutaten:

- 150 g Kirschtomaten, halbiert
- 125 g Mozzarella, in kleine Würfel geschnitten
- 50 g Rucola, gewaschen
- 1 Avocado, in kleine Stücke geschnitten
- 40 g Quinoa, gut gespült und abgetropft
- 2 EL natives Olivenöl extra
- 1 EL Balsamico Essig
- 1 TL Senf
- Salz und Pfeffer nach Geschmack
- 1 Prise Zucker
- 1 Frühlingszwiebel, fein geschnitten
- Frische Basilikumblätter
- 1 TL Bio-Zitronensaft
- 1 EL Pinienkerne, geröstet

Zubereitung:

1. Du beginnst damit, die Quinoa nach Packungsanweisung zu kochen. Wenn sie fertig ist, lass sie kurz abkühlen.

2. Während die Quinoa kocht, kannst du die Tomaten halbieren, den Mozzarella würfeln und die Avocado schälen und in Stücke schneiden.

3. Danach mischst du in einer kleinen Schüssel Olivenöl, Balsamico Essig, Senf, Zitronensaft, Salz, Pfeffer und eine Prise Zucker zu einem Dressing.

4. In einer großen Schüssel vermengst du vorsichtig die Tomaten, Mozzarella, Avocado und Rucola. Gib das gekochte Quinoa dazu und vermische alles gut miteinander.

5. Nun gießt du das Dressing über die Zutaten in der Schüssel und vermischst alles sanft, sodass alle Zutaten gut mit dem Dressing überzogen sind.

6. Streu zum Schluss die fein geschnittenen Frühlingszwiebeln, gerösteten Pinienkerne und frischen Basilikumblätter darüber.

7. Schmeck die Bowl nochmal ab und füg nach Bedarf noch etwas Salz oder Pfeffer hinzu. Guten Appetit.

Gurken-Dill-Bowl

Zubereitungszeit: 20 Minuten
Portionen: 1 Bowl

Zutaten:

- 1 mittelgroße Gurke, gewaschen und in dünne Scheiben geschnitten
- 150 g Bulgur, gekocht und abgekühlt
- 150 g Kirschtomaten, halbiert
- 1 Handvoll frischer Dill, fein gehackt
- 100 g Feta, zerbröselt
- 1 EL natives Olivenöl extra
- 1 EL Weißweinessig
- 1 TL Honig
- Salz und Pfeffer nach Geschmack
- 1 Bio-Zitrone, Saft und Schale
- 1 Handvoll Rucola, gewaschen und getrocknet

Zubereitung:

1. Fange an, indem du die Gurkenscheiben, die halbierten Kirschtomaten, den gehackten Dill und den Rucola in eine große Schüssel gibst.

2. In einer kleinen Schüssel vermengst du Olivenöl, Weißweinessig, Honig, Zitronensaft und -schale. Schmecke mit Salz und Pfeffer ab und verrühre alles gut, bis eine Soße entsteht.

3. Füge den gekochten und abgekühlten Bulgur zu den Gemüsen in die Schüssel hinzu und vermische alles vorsichtig miteinander.

4. Nun träufele die vorbereitete Soße über die Zutaten in der Schüssel und mische alles sorgfältig durch, sodass alle Zutaten gut mit der Soße bedeckt sind.

5. Zum Schluss streue den zerbröselten Feta darüber und mische alles noch einmal leicht durch, um den Käse gleichmäßig zu verteilen. Guten Appetit.

Mango-Garnelen-Bowl

Zubereitungszeit: 30 Minuten
Portionen: 1 Bowl

Zutaten:

- 150 g Garnelen, geschält und entdarmt
- 1 reife Mango, geschält und gewürfelt
- 70 g Basmatireis
- 1 Avocado, geschält und in Scheiben geschnitten
- 50 g Baby-Blattspinat, gewaschen
- 1 kleine rote Zwiebel, fein gehackt
- 1 kleine Chilischote, fein gehackt und Kerne entfernt
- 2 EL natives Olivenöl extra
- 1 EL Bio-Limettensaft
- 1 TL Honig
- Salz und Pfeffer
- 1 Handvoll frische Minzblätter, grob gehackt
- 1 EL Kokoschips, geröstet

Zubereitung:

1. Koche den Basmatireis nach Packungsanweisung und lasse ihn dann abkühlen.

2. Würze die Garnelen mit Salz und Pfeffer. Erhitze 1 EL Olivenöl in einer Pfanne und brate die Garnelen von beiden Seiten, bis sie rosa und durchgegart sind, etwa 2-3 Minuten pro Seite.

3. Vermenge in einer Schüssel die Mango, Avocado, rote Zwiebel und Chilischote.

4. Für das Dressing: Vermische den Limettensaft, Honig und das restliche Olivenöl. Würze mit Salz und Pfeffer.

5. Mische den abgekühlten Reis und das Dressing unter die Mango-Avocado-Mischung.

6. Lege den Baby-Blattspinat in eine Bowl, gib die Mango-Reis-Mischung darauf und verteile die Garnelen obenauf. Streue Kokoschips und frische Minze darüber. Guten Appetit.

Avocado-Erdbeer-Bowl

Zubereitungszeit: 20 Minuten
Portionen: 1 Bowl

Zutaten:

- 1 reife Avocado, halbiert und entkernt
- 150 g Erdbeeren, gewaschen und halbiert
- 50 g Bulgur, gekocht
- 1 EL Honig
- 1 EL frische Minze, fein gehackt
- 1 EL Sonnenblumenkerne
- 1 TL Bio-Zitronensaft
- 100 g Naturjoghurt
- 1 Prise Salz

Zubereitung:

1. Beginne mit dem Vorbereiten der Avocado und Erdbeeren, indem du die Avocado in Würfel und die Erdbeeren, falls nötig, in kleinere Stücke schneidest.

2. In einer Schüssel vermengst du den gekochten Bulgur mit dem Zitronensaft und einer Prise Salz.

3. In einer anderen kleinen Schüssel verrührst du den Joghurt mit dem Honig zu einer süßlichen Sauce.

4. Verteile die Avocadowürfel, Erdbeerstücke und den Bulgur abwechselnd in einer Bowl. Achte darauf, dass die Farben schön zur Geltung kommen.

5. Über die vorbereitete Bowl gießt du nun die Joghurt-Honig-Sauce und bestreust alles mit der gehackten Minze und den Sonnenblumenkernen. Guten Appetit.

Zitronen-Basilikum-Bowl

Zubereitungszeit: 25 Minuten
Portionen: 1 Bowl

Zutaten:

- 100 g Perlgraupen
- 1 Bio-Zitrone, Saft und abgeriebene Schale
- 10 Basilikumblätter, frisch und grob gehackt
- 100 g Cherrytomaten, halbiert
- 1 Avocado, gewürfelt
- 1 kleine rote Zwiebel, fein gewürfelt

- 50 g Rucola, gewaschen und getrocknet
- 50 g Feta, zerbröselt
- 2 EL natives Olivenöl extra
- 1 EL Balsamico Essig
- 1 TL Honig
- Salz und Pfeffer nach Geschmack

Zubereitung:

1. Beginne mit den Perlgraupen. Koche sie nach Packungsanleitung, bis sie weich, aber noch bissfest sind, und lasse sie dann abkühlen.

2. Während die Perlgraupen kochen, kannst du die restlichen Zutaten vorbereiten. Mische in einer kleinen Schüssel Olivenöl, Balsamico Essig, Honig, Salz und Pfeffer. Rühre gut um, bis sich Honig und Salz aufgelöst haben.

3. In einer großen Schüssel vermengst du die gekühlten Perlgraupen mit dem Zitronensaft und der abgeriebenen Schale einer Zitrone. Füge dann die Cherrytomaten, Avocado und rote Zwiebel hinzu und mische alles gut durch.

4. Gib nun die Rucola und das Basilikum dazu und mische erneut vorsichtig, um alles gleichmäßig zu verteilen.

5. Zum Schluss streust du den zerbröselten Feta darüber und träufelst das Dressing darüber. Mische alles ein letztes Mal durch, bis alle Zutaten gut miteinander vermischt sind.

6. Abschmecken und nach Belieben nachwürzen. Guten Appetit.

Melonen-Prosciutto-Bowl

Zubereitungszeit: 20 Minuten
Portionen: 1 Bowl

Zutaten:

- 100 g Wassermelone, gewürfelt
- 70 g Cantaloupe-Melone, gewürfelt
- 70 g Honigmelone, gewürfelt
- 50 g Prosciutto, in Streifen
- 80 g Hirse
- 20 g Feta, zerkrümelt
- 15 ml Balsamico-Essig
- 10 g Rucola, gewaschen
- 10 g Pinienkerne, geröstet
- 1 TL natives Olivenöl extra
- Salz und Pfeffer, nach Geschmack
- 5 Blätter frische Minze, fein gehackt
- 1/2 Bio-Limette, Saft
- 1 TL Honig

Zubereitung:

1. Beginne mit dem Kochen der Hirse gemäß den Anweisungen auf der Verpackung und lasse sie danach abkühlen.

2. Während die Hirse kocht, würfle die Melonensorten und zerreißt den Prosciutto in Streifen.

3. Vermenge für das Dressing Olivenöl, Limettensaft, Honig und Balsamico-Essig miteinander und würze es mit Salz und Pfeffer.

4. Verteile dann die Melonenwürfel, Prosciutto-Streifen und Rucola in einer Bowl.

5. Füge die abgekühlte Hirse hinzu.

6. Gib das Dressing gleichmäßig über die Zutaten in der Bowl.

7. Streue den zerkrümelten Feta und die gerösteten Pinienkerne darüber.

8. Garniere mit der fein gehackten Minze. Guten Appetit.

Beeren-Minz-Bowl

Zubereitungszeit: 15 Minuten
Portionen: 1 Bowl

Zutaten:

- 100 g Hirse, gewaschen und abgetropft
- 200 ml Wasser
- 1 Prise Salz
- 50 g gemischte Beeren (Erdbeeren, Himbeeren, Blaubeeren), gewaschen und geviertelt
- 10 frische Minzblätter, gewaschen und gehackt
- 1 TL Honig
- 50 g natur- oder griechischer Joghurt
- 1 EL gehackte Nüsse (z.B. Mandeln oder Walnüsse)
- 1 EL Leinsamen
- 50 g frischer Spinat, gewaschen und grob gehackt
- 1 EL Sonnenblumenkerne
- 1 TL Bio-Zitronensaft

Zubereitung:

1. Gib die Hirse zusammen mit dem Wasser und einer Prise Salz in einen Topf. Bring das Ganze zum Kochen und lass es dann bei niedriger Hitze etwa 15 Minuten köcheln, bis die Hirse weich ist und das Wasser absorbiert hat.

2. Während die Hirse köchelt, kannst du die Beeren waschen und vierteln. Wasche auch die Minzblätter und hacke sie fein. Stelle Beeren und Minze beiseite.

3. Mische die Beeren, die gehackte Minze und den Honig in einer kleinen Schüssel, bis alles gut vermengt ist.

4. In einer anderen Schüssel vermische den Joghurt mit den gehackten Nüssen und den Leinsamen.

5. Ist die Hirse gar, entferne den Topf vom Herd und lass sie ein wenig abkühlen.

6. Sobald die Hirse etwas abgekühlt ist, kannst du anfangen, deine Bowl zusammenzustellen. Beginne mit einer Schicht Hirse, füge dann den frischen Spinat hinzu, darauf kommt die Beeren-Minz-Mischung, die Joghurtmischung und zum Schluss die Sonnenblumenkerne. Gib dann noch einen Spritzer Zitronensaft darüber. Guten Appetit.

Pfirsich-Rucola-Bowl

Zubereitungszeit: 20 Minuten
Portionen: 1 Bowl

Zutaten:

- 1 reifer Pfirsich, gewürfelt
- 1 Handvoll Rucola, gewaschen und getrocknet
- 100 g Glasnudeln
- 50 g Feta, gewürfelt
- 1 Handvoll Cherrytomaten, halbiert
- 1 Frühlingszwiebel, in feine Ringe geschnitten
- 1 EL natives Olivenöl extra
- 1 EL Balsamico-Essig
- 1 TL Senf
- 1 TL Honig
- Salz und Pfeffer nach Geschmack
- 1 EL Kürbiskerne, geröstet
- Frische Minzblätter, fein gehackt

Zubereitung:

1. Koche die Glasnudeln nach Packungsanleitung, dann abgießen und mit kaltem Wasser abschrecken, um den Kochprozess zu stoppen. Lass sie gut abtropfen.

2. Während die Glasnudeln kochen, kannst du den Pfirsich waschen, entsteinen und in kleine Würfel schneiden.

3. Vermische in einer kleinen Schüssel Olivenöl, Balsamico-Essig, Senf und Honig. Schmecke die Vinaigrette mit Salz und Pfeffer ab.

4. Gib die Glasnudeln in eine Bowl.

5. Verteile den gewaschenen Rucola, die Pfirsichwürfel, die halbierten Cherrytomaten, die Frühlingszwiebelringe und die Feta-Würfel gleichmäßig über die Glasnudeln.

6. Träufle die Vinaigrette über die Zutaten in der Bowl.

7. Bestreue alles mit den gerösteten Kürbiskernen und garniere mit den frischen Minzblättern. Guten Appetit.

Nektarinen-Thymian-Bowl

Zubereitungszeit: 20 Minuten
Portionen: 1 Bowl

Zutaten:

- 1 reife Nektarine, in dünne Spalten geschnitten
- 1 EL frischer Thymian, fein gehackt
- 80 g Amaranth, gut gespült und abgetropft
- 30 g Rucola, gewaschen und getrocknet
- 50 g Feta, gewürfelt
- 30 ml Balsamico-Essig
- 1 EL natives Olivenöl extra
- 1 TL Honig
- 1 Handvoll Walnüsse, grob gehackt
- Salz und Pfeffer zum Abschmecken

Zubereitung:

1. Bringe zuerst Wasser in einem Topf zum Kochen, gib eine Prise Salz hinein und koche den Amaranth nach Packungsanleitung, bis er weich ist. Gieße ihn dann ab und lasse ihn abkühlen.

2. Während der Amaranth kocht, kannst du die Nektarinenspalten und den Thymian in einer Schüssel vermengen.

3. In einer weiteren kleinen Schüssel verquirlst du Balsamico-Essig, Olivenöl, und Honig miteinander und schmeckst das Dressing mit Salz und Pfeffer ab.

4. Wenn der Amaranth abgekühlt ist, mische ihn mit dem Rucola in einer großen Schüssel.

5. Lege die Nektarinenspalten und den Feta über den Amaranth-Rucola-Mix.

6. Träufle das Dressing über die Bowl und streue zum Schluss die gehackten Walnüsse darüber. Guten Appetit.

Klassische Mittags-Bowls

Spaghetti-Bolognese-Bowl

Zubereitungszeit: 30 Minuten
Portionen: 1 Bowl

Zutaten:

- 100 g Spaghetti
- 150 g Rinderhackfleisch
- 1 kleine Zwiebel, fein gewürfelt
- 1 Knoblauchzehe, fein gehackt
- 200 g passierte Tomaten
- 50 g Möhren, gewürfelt
- 1 EL natives Olivenöl extra
- 1 TL italienische Kräuter, getrocknet
- Salz und Pfeffer, nach Geschmack
- 50 g Baby-Blattspinat, frisch
- 1 EL Parmesan, gerieben

Zubereitung:

1. Setze einen Topf mit ausreichend Wasser auf und koche die Spaghetti nach Packungsanweisung.

2. Währenddessen erhitzt du in einer Pfanne das Olivenöl und brätst das Rinderhackfleisch darin krümelig an.

3. Sobald das Fleisch gebräunt ist, gibst du Zwiebel und Knoblauch hinzu und dünstest alles für etwa 2 Minuten mit.

4. Füge die gewürfelten Möhren hinzu und lasse sie kurz mitdünsten.

5. Jetzt kannst du die passierten Tomaten und die italienischen Kräuter unterrühren. Lass die Bolognese-Sauce etwa 15 Minuten bei mittlerer Hitze köcheln und würze sie mit Salz und Pfeffer nach Geschmack.

6. Die gekochten Spaghetti abgießen und abtropfen lassen.

7. Richte in der Bowl zuerst die Spaghetti und dann die Bolognese-Sauce an. Lege den frischen Baby-Blattspinat obenauf und streue den geriebenen Parmesan darüber. Guten Appetit.

Hühnerfrikassee-Bowl

Zubereitungszeit: 30 Minuten
Portionen: 1 Bowl

Zutaten:

- 150 g Hühnerbrust, gewürfelt und gekocht
- 100 g Amaranth, gut gespült
- 200 ml Hühnerbrühe
- 100 g Karotten, geschält und in dünne Scheiben geschnitten
- 75 g Erbsen, frisch oder gefroren
- 1 kleine Zwiebel, gewürfelt
- 1 EL natives Olivenöl extra
- 1 TL Dijon-Senf
- 1 EL frischer Bio-Zitronensaft
- Salz und Pfeffer nach Geschmack
- 1 TL frische Petersilie, fein gehackt
- 1 TL frischer Dill, fein gehackt

Zubereitung:

1. Setze einen Topf mit Wasser auf und bringe das Wasser zum Kochen. Gib Amaranth hinzu und koche es gemäß den Anweisungen auf der Verpackung. Wenn es fertig ist, abgießen und beiseite stellen.

2. Erhitze Olivenöl in einer Pfanne bei mittlerer Hitze. Füge die gewürfelte Zwiebel hinzu und dünste sie, bis sie weich und golden ist.

3. Füge die Karottenscheiben und Erbsen zur Pfanne hinzu und brate sie etwa 5 Minuten lang mit den Zwiebeln, bis sie weich sind.

4. Gib nun die gekochten Hühnerbrustwürfel zur Gemüsepfanne. Würze mit Salz und Pfeffer und brate alles weitere 5 Minuten.

5. In einer kleinen Schüssel Dijon-Senf mit Zitronensaft mischen und über das Hühner-Gemüse-Gemisch gießen. Gut umrühren, damit sich alles gut vermischt.

6. Füge die Hühnerbrühe hinzu und lasse alles 10 Minuten bei niedriger Hitze köcheln.

7. Zum Schluss den gekochten Amaranth zur Pfanne geben und alles gut umrühren.

8. Gib das Gericht in eine Schüssel und es garniere mit frischer Petersilie und Dill. Guten Appetit.

Käsespätzle-Bowl

Zubereitungszeit: 30 Minuten
Portionen: 1 Bowl

Zutaten:

- 100 g Spätzle
- 80 g geriebener Emmentaler
- 1 kleine Zwiebel, gewürfelt
- 1 EL Sonnenblumenöl
- 100 g frische Champignons, geschnitten
- 1 kleine rote Paprika, gewürfelt
- 50 g Baby-Spinat, gewaschen
- Salz und Pfeffer zum Abschmecken
- 1 EL frische Petersilie, gehackt
- 50 ml Sahne

Zubereitung:

1. Setze Wasser in einem Topf auf und koche die Spätzle nach Packungsanleitung.

2. In einer Pfanne das Sonnenblumenöl erhitzen und die Zwiebelwürfel darin glasig dünsten. Die Champignons hinzufügen und mit anbraten, bis sie goldbraun sind.

3. Füge die Paprikawürfel zu den Pilzen und Zwiebeln in die Pfanne und dünste alles weitere 5 Minuten.

4. Nun gib die Spätzle in die Pfanne und vermische alles gut miteinander. Mit Salz und Pfeffer würzen.

5. Mische den geriebenen Emmentaler unter die Spätzle und lasse den Käse schmelzen.

6. In der Zwischenzeit die Sahne in einem kleinen Topf erhitzen, aber nicht kochen lassen. Den Baby-Spinat hinzufügen und nur so lange dünsten, bis der Spinat zusammenfällt.

7. Lege den Spinat auf die Spätzle in der Bowl und garniere alles mit der frischen Petersilie. Guten Appetit.

Kartoffelsalat-Bowl

Zubereitungszeit: 30 Minuten
Portionen: 1 Bowl

Zutaten:

- 200 g Kartoffeln, gewürfelt und gekocht
- 50 g Feldsalat, gewaschen
- 1 Möhre, geschält und in dünne Scheiben geschnitten
- 1 rote Paprika, gewaschen und in Streifen geschnitten
- 50 g Feta, gewürfelt
- 50 g Kichererbsen, abgespült und abgetropft
- 10 g frische Petersilie, gehackt
- 1 EL natives Olivenöl extra
- 1 TL Senf
- 1 TL Honig
- 1 TL Apfelessig
- Salz und Pfeffer zum Abschmecken

Zubereitung:

1. Du beginnst damit, die Kartoffeln zu kochen, bis sie weich sind, das dauert etwa 20 Minuten. Wenn sie gar sind, lässt du sie abkühlen.

2. In der Zwischenzeit vermengst du in einer kleinen Schüssel Olivenöl, Senf, Honig und Apfelessig, um das Dressing herzustellen. Mit Salz und Pfeffer würzt du nach Geschmack.

3. Dann vermischst du die gekochten Kartoffeln, den Feldsalat, die Möhren- und Paprikastreifen sowie die Kichererbsen in einer größeren Schüssel.

4. Jetzt gibst du das Dressing über die Gemüsemischung und vermengst alles sorgfältig.

5. Als nächstes legst du den Salat in eine Bowl an und garnierst ihn mit Feta und frischer Petersilie. Guten Appetit.

Ratatouille-Bowl

Zubereitungszeit: 30 Minuten
Portionen: 1 Bowl

Zutaten:

- 100 g Amaranth, gut gespült und abgetropft
- 1 kleine Zucchini, in Würfel geschnitten
- 1 kleine Aubergine, in Würfel geschnitten
- 1 rote Paprika, in Würfel geschnitten
- 1 kleine Zwiebel, fein gewürfelt
- 1 reife Tomate, gewürfelt
- 2 EL natives Olivenöl extra
- 1 TL getrockneter Thymian
- 1 TL getrockneter Rosmarin
- 1 Knoblauchzehe, fein gehackt
- Salz und Pfeffer nach Geschmack
- 150 ml Gemüsebrühe
- Frischer Basilikum, gehackt
- 2 EL geriebener Parmesan (optional)

Zubereitung:

1. Zuerst setzt du einen Topf mit Wasser auf und kochst den Amaranth nach Packungsanleitung. In der Zwischenzeit kannst du das Gemüse vorbereiten.

2. In einer Pfanne erhitzt du das Olivenöl und dünstest die Zwiebel und den Knoblauch darin an, bis sie glasig sind.

3. Dann fügst du die Aubergine, Zucchini und Paprika hinzu und brätst das Gemüse unter Rühren etwa 5 Minuten an, bis es leicht gebräunt ist.

4. Nun gibst du die Tomaten, den Thymian und den Rosmarin dazu und lässt alles weitere 5 Minuten köcheln.

5. Mit der Gemüsebrühe ablöschen, salzen und pfeffern und das Ratatouille etwa 10 Minuten auf niedriger Hitze köcheln lassen, bis das Gemüse weich ist.

6. Amaranth abgießen und mit dem Ratatouille in eine Bowl geben.

7. Mit frischem Basilikum und nach Wunsch mit Parmesan garnieren. Guten Appetit.

Linsensuppe-Bowl

Zubereitungszeit: 30 Minuten
Portionen: 1 Bowl

Zutaten:

- 70 g Linsen, gewaschen
- 500 ml Gemüsebrühe
- 1 Karotte, gewürfelt
- 1 kleine Zwiebel, gewürfelt
- 1 Tomate, gewürfelt
- 1 Kartoffel, gewürfelt
- 1 TL natives Olivenöl extra
- 1 EL Tomatenmark
- 1/2 TL Kreuzkümmel
- 1/2 TL Paprikapulver, edelsüß
- Salz und Pfeffer nach Geschmack
- 1 Handvoll frischer Spinat, gewaschen und gehackt
- 1 EL saure Sahne
- Frisches Koriandergrün, gehackt
- 1 Scheibe von einer Bio-Zitrone

Zubereitung:

1. Erhitze das Olivenöl in einem Topf und dünste die Zwiebeln darin glasig. Dann füge die Karotten und die Kartoffelwürfel hinzu und lasse alles etwa 5 Minuten dünsten.

2. Gib die Linsen und das Tomatenmark dazu und rühre gut um. Danach die Gemüsebrühe eingießen und mit Kreuzkümmel, Paprikapulver, Salz und Pfeffer würzen.

3. Koche die Suppe etwa 20 Minuten auf mittlerer Hitze, bis die Linsen und das Gemüse weich sind.

4. Während die Suppe kocht, kannst du die Tomatenwürfel und den Spinat vorbereiten. Gib sie etwa 5 Minuten vor Ende der Kochzeit zur Suppe dazu.

5. Wenn alles gar ist, fülle die Suppe in deine Bowl. Garniere mit saurer Sahne, frischem Koriander und einer Zitronenscheibe. Guten Appetit.

Pilz-Risotto-Bowl

Zubereitungszeit: 30 Minuten
Portionen: 1 Bowl

Zutaten:

- 80 g Arborio-Reis, gewaschen
- 200 g frische Champignons, fein geschnitten
- 1 Zwiebel, gewürfelt
- 1 EL natives Olivenöl extra
- 400 ml Gemüsebrühe
- 50 ml Weißwein
- 1 EL Parmesan, gerieben
- 2 TL Butter
- Salz und Pfeffer zum Abschmecken
- 1 TL frische Petersilie, gehackt
- 1 TL Bio-Zitronensaft

Zubereitung:

1. Erhitze das Olivenöl in einem Topf und dünste die Zwiebeln, bis sie glasig sind.

2. Füge die fein geschnittenen Champignons hinzu und brate sie, bis sie weich und goldbraun sind.

3. Gib den Arborio-Reis dazu und rühre um, sodass der Reis mit dem Öl überzogen ist. Lass ihn kurz anrösten.

4. Gieße den Weißwein in den Topf und lass ihn kurz einkochen, bis fast alle Flüssigkeit verdampft ist.

5. Nun gieße nach und nach die Gemüsebrühe dazu. Immer wenn die Flüssigkeit fast aufgesogen ist, gibst du wieder etwas Brühe dazu. Rühre dabei ständig um, sodass der Reis nicht anbrennt. Dies sollte etwa 20 Minuten dauern.

6. Wenn der Reis weich ist, aber noch einen leichten Biss hat, bist du fast fertig. Füge den Parmesan, die Butter, den Zitronensaft hinzu und würze mit Salz und Pfeffer.

7. Vermische alles gut miteinander und lass das Risotto noch ein paar Minuten ziehen, damit es schön cremig wird.

8. Gib dein Pilz-Risotto in eine Bowl und streue die frische Petersilie darüber. Guten Appetit.

Gulasch-Bowl

Zubereitungszeit: 35 Minuten
Portionen: 1 Bowl

Zutaten:

- 150 g Rindergulasch, in Würfel geschnitten
- 1 kleine Zwiebel, gewürfelt
- 1 kleine Paprika, gewürfelt
- 2 kleine Kartoffeln, gewürfelt
- 1 EL natives Olivenöl extra
- 400 ml Rinderbrühe
- 2 EL Tomatenmark
- 1 TL Paprikapulver, edelsüß
- Salz und Pfeffer nach Geschmack
- 1 TL Majoran
- 75 g Reis
- Frische Petersilie, gehackt
- 1 EL saure Sahne

Zubereitung:

1. Erhitze das Olivenöl in einem Topf und brate das Rindergulasch darin an, bis es schön braun ist.

2. Füge die gewürfelte Zwiebel hinzu und dünste sie mit, bis sie glasig ist.

3. Gib das Tomatenmark, Paprikapulver und die gewürfelte Paprika hinzu und mische alles gut durch.

4. Nachdem die Mischung gut verrührt ist, gieße die Rinderbrühe hinzu.

5. Würze mit Salz, Pfeffer und Majoran und lasse alles für etwa 20 Minuten bei mittlerer Hitze köcheln.

6. In der Zwischenzeit koche den Reis nach Packungsanleitung und lasse ihn abtropfen.

7. Füge die gewürfelten Kartoffeln zum Gulasch hinzu und koche alles weitere 15 Minuten, oder bis die Kartoffeln weich sind.

8. Überprüfe, ob das Gulasch und die Kartoffeln gar sind, und würze bei Bedarf nach.

9. Lege den gekochten Reis in eine Bowl und gieße das fertige Gulasch darüber.

10. Garniere mit frischer Petersilie und einem Löffel saurer Sahne. Guten Appetit.

Erbsensuppe-Bowl

Zubereitungszeit: 30 Minuten
Portionen: 1 Bowl

Zutaten:

- 150 g gefrorene Erbsen, aufgetaut
- 1 mittelgroße Karotte, gewürfelt
- 1 mittelgroße Kartoffel, gewürfelt
- 1 kleine Zwiebel, gewürfelt
- 1 EL natives Olivenöl extra
- 500 ml Gemüsebrühe
- 2 EL Sahne
- Salz und Pfeffer nach Geschmack
- 1 TL Kreuzkümmel
- 1 EL frischer Bio-Zitronensaft
- 1 EL frische Petersilie, gehackt
- 1 Scheibe Vollkornbrot, in Würfel geschnitten
- 1 EL Parmesan, gerieben

Zubereitung:

1. Zuerst erhitzt du das Olivenöl in einem Topf. Füge die Zwiebeln hinzu und dünste sie, bis sie weich und goldbraun sind.

2. Gib nun die Kartoffel- und Karottenwürfel hinzu und lasse sie einige Minuten mit den Zwiebeln schmoren.

3. Jetzt kommen die aufgetauten Erbsen dazu. Rühre alles gut um.

4. Gieße die Gemüsebrühe über das Gemüse und bringe die Suppe zum Kochen. Lasse sie dann auf mittlerer Hitze etwa 20 Minuten köcheln, bis das Gemüse weich ist.

5. Während die Suppe köchelt, kannst du die Brotwürfel in einer Pfanne mit ein wenig Olivenöl rösten, bis sie knusprig sind.

6. Wenn das Gemüse weich ist, püriere die Suppe mit einem Stabmixer, bis sie schön cremig ist. Füge dann die Sahne, den Zitronensaft, den Kreuzkümmel, Salz und Pfeffer hinzu und rühre alles gut durch. Lasse die Suppe noch einmal aufkochen und schmecke sie ab. Falls nötig, würze nach.

7. Serviere die Erbsensuppe in einer Bowl und garniere sie mit den gerösteten Brotwürfeln, der frischen Petersilie und dem geriebenen Parmesan. Guten Appetit.

Paella-Bowl

Zubereitungszeit: 30 Minuten
Portionen: 1 Bowl

Zutaten:

- 100 g Paella-Reis, gewaschen
- 150 g Hähnchenbrust, in Würfel geschnitten
- 50 g frische Erbsen, geschält
- 1 kleine rote Paprika, gewürfelt
- 1 kleine Zwiebel, gewürfelt
- 1 TL Paprikapulver, edelsüß
- 1 Prise Safranfäden
- 1 EL natives Olivenöl extra
- 250 ml Hühnerbrühe
- 1 EL frische Petersilie, gehackt
- Salz und Pfeffer nach Geschmack
- 1/2 Bio-Zitrone, in Spalten geschnitten

Zubereitung:

1. Erhitze das Olivenöl in einer Pfanne über mittlerer Hitze und brate die Hähnchenwürfel rundum an, bis sie goldbraun sind. Nimm das Fleisch aus der Pfanne und setze es beiseite.

2. Im gleichen Öl die Zwiebel und rote Paprika für etwa 5 Minuten dünsten, bis sie weich sind. Füge das Paprikapulver und die Safranfäden hinzu und rühre alles gut um.

3. Nun kommt der Reis dazu. Röste den Reis kurz mit an, sodass er das Öl und die Gewürze aufnimmt, und gieße dann die Hühnerbrühe dazu. Lass das Ganze kurz aufkochen und reduziere dann die Hitze.

4. Füge die Hähnchenwürfel und die frischen Erbsen hinzu, würze mit Salz und Pfeffer, und lass die Paella bei niedriger Hitze für etwa 20 Minuten köcheln, bis der Reis gar ist und die Flüssigkeit aufgesogen hat.

5. Überprüfe während des Köchelns ab und zu, ob noch Flüssigkeit fehlt, und füge gegebenenfalls etwas Wasser oder Brühe hinzu.

6. Wenn der Reis gar ist, verteile die Paella in einer Bowl und garniere sie mit frischer Petersilie und Zitronenspalten. Guten Appetit.

Chili con Carne-Bowl

Zubereitungszeit: 30 Minuten
Portionen: 1 Bowl

Zutaten:

- 150 g Rinderhackfleisch, gewürzt
- 200 g Kidneybohnen, gekocht und abgetropft
- 100 g Mais, gekocht und abgetropft
- 1 kleine Zwiebel, gewürfelt
- 1 Knoblauchzehe, fein gehackt
- 200 ml Tomatensauce
- 1 kleine rote Paprika, gewürfelt
- 50 g Reis, gekocht
- 1 TL Kreuzkümmel, gemahlen
- 1 TL Paprikapulver, scharf
- Salz und Pfeffer nach Geschmack
- 1 EL natives Olivenöl extra
- 50 g Avocado, in Würfel geschnitten
- Frische Korianderblätter, gehackt
- 1/2 Bio-Limette, in Viertel geschnitten

Zubereitung:

1. Erhitze das Olivenöl in einer Pfanne über mittlerer Hitze. Gib die Zwiebeln und den Knoblauch hinein und dünste sie, bis sie weich und goldbraun sind.

2. Füge das gewürzte Hackfleisch hinzu und brate es krümelig und braun.

3. Würze das Fleisch mit Kreuzkümmel und Paprikapulver, rühre gut um und lass alles ein paar Minuten köcheln.

4. Gib die Tomatensauce, die Bohnen, den Mais und die rote Paprika hinzu. Reduziere die Hitze und lass das Chili etwa 20 Minuten köcheln, bis es eingedickt ist.

5. Schmecke das Chili mit Salz und Pfeffer ab. Falls nötig, kannst du etwas Wasser hinzufügen, wenn es zu dickflüssig ist.

6. Serviere das Chili über dem gekochten Reis in einer Bowl. Garniere es mit Avocado-Würfeln, frischem Koriander und Limettenvierteln. Guten Appetit.

Nudelsalat-Bowl

Zubereitungszeit: 20 Minuten
Portionen: 1 Bowl

Zutaten:

- 100 g Spiralnudeln, gekocht und abgekühlt
- 50 g Cherrytomaten, halbiert
- 1/2 Gurke, in Scheiben geschnitten
- 1 kleine rote Zwiebel, fein gewürfelt
- 30 g schwarze Oliven, entsteint und halbiert
- 50 g Feta-Käse, gewürfelt
- 30 ml natives Olivenöl extra
- 1 EL Rotweinessig
- 1/2 TL Dijon-Senf
- 1/2 TL Honig
- Salz und Pfeffer nach Geschmack
- Frische Petersilie, fein gehackt

Zubereitung:

1. Nachdem du die Nudeln gekocht und abgekühlt hast, nimmst du eine große Schüssel und vermengst darin die Nudeln, Cherrytomaten, Gurkenscheiben, rote Zwiebel, Oliven und Feta-Käse miteinander.

2. In einer kleinen Schüssel rührst du Olivenöl, Rotweinessig, Dijon-Senf und Honig zusammen, um ein Dressing herzustellen. Vergiss nicht, es mit Salz und Pfeffer abzuschmecken.

3. Gib das Dressing über die Nudelmischung und vermische alles gut miteinander, sodass die Zutaten gleichmäßig mit dem Dressing bedeckt sind.

4. Streue vor dem Servieren etwas frische Petersilie über deine Bowl. Guten Appetit.

Fischstäbchen-Kartoffelpüree-Bowl

Zubereitungszeit: 25 Minuten
Portionen: 1 Bowl

Zutaten:

- 5 Fischstäbchen, tiefgefroren
- 2 mittelgroße Kartoffeln, gewürfelt
- 60 ml Milch
- 1 EL Butter
- 50 g Frischkäse
- 1 kleine Zwiebel, gewürfelt
- 50 g Erbsen, gefroren
- 1 TL natives Olivenöl extra
- Salz und Pfeffer
- 1 Handvoll frische Petersilie, gehackt
- 1 Prise Paprikapulver, edelsüß
- 50 g geriebener Käse, zum Überbacken
- 1 TL Senf

Zubereitung:

1. Die Kartoffeln in einem Topf mit Wasser und einer Prise Salz zum Kochen bringen und etwa 20 Minuten kochen lassen, bis sie weich sind.

2. Während die Kartoffeln kochen, die Fischstäbchen nach Packungsanweisung zubereiten, normalerweise etwa 15 Minuten bei 200 Grad im Ofen backen oder in einer Pfanne braten.

3. In der Zwischenzeit in einer Pfanne 1 TL Olivenöl erhitzen und die Zwiebeln darin anbraten, bis sie glasig sind. Die Erbsen hinzufügen und kurz mitbraten.

4. Sobald die Kartoffeln weich sind, das Wasser abgießen und die Kartoffeln zurück in den Topf geben. Milch, Butter, und Frischkäse hinzufügen und alles zu einem glatten Püree stampfen. Mit Salz und Pfeffer abschmecken.

5. Das Kartoffelpüree in eine hitzebeständige Bowl geben, die Zwiebeln und Erbsen darauf verteilen. Die gebratenen Fischstäbchen auf das Gemüse legen.

6. Die Bowl mit geriebenem Käse bestreuen und im Ofen überbacken, bis der Käse geschmolzen und goldbraun ist.

7. Danach mit gehackter Petersilie und einer Prise Paprikapulver garnieren und mit einem TL Senf servieren. Guten Appetit.

Wiener Schnitzel-Bowl

Zubereitungszeit: 30 Minuten
Portionen: 1 Bowl

Zutaten:

- 150 g Kalbsschnitzel, in Streifen geschnitten
- Salz und Pfeffer zum Würzen
- 1 Bio-Ei, verquirlt
- 50 g Paniermehl
- 100 ml Rapsöl
- 150 g gemischter Salat (z.B. Feldsalat, Rucola), gewaschen und getrocknet
- 80 g Kirschtomaten, halbiert
- 1/2 Gurke, in dünne Scheiben geschnitten
- 1 kleine rote Zwiebel, fein gewürfelt
- 1 EL Dijon-Senf
- 2 EL natives Olivenöl extra
- 1 TL Bio-Zitronensaft
- 1 EL gehackte Petersilie
- 1 EL Kapern, abgespült
- 30 g Parmesan, gehobelt

Zubereitung:

1. Zuerst würzt du die Kalbsschnitzelstreifen mit Salz und Pfeffer. Dann tauchst du jedes Streifen erst in das verquirlte Ei und dann in das Paniermehl, bis es gut bedeckt ist.

2. Erhitze das Rapsöl in einer Pfanne über mittlerer Hitze. Brate die Schnitzelstreifen von beiden Seiten goldbraun und kross, das dauert etwa 2-3 Minuten pro Seite. Lege sie dann auf Küchenpapier, um das überschüssige Öl zu entfernen.

3. In der Zwischenzeit bereitest du den Salat zu. Vermenge den gemischten Salat, die Kirschtomaten, die Gurkenscheiben und die rote Zwiebel in einer großen Schüssel.

4. Für das Dressing verrührst du den Dijon-Senf, das Olivenöl und den Zitronensaft miteinander und würzt es mit Salz und Pfeffer. Gib das Dressing über den Salat und vermische alles gut miteinander.

5. Jetzt ist es Zeit, deine Bowl zusammenzustellen. Lege den Salat in eine Schüssel und verteile die Schnitzelstreifen darüber. Garniere die Bowl mit der gehackten Petersilie, den Kapern und dem Parmesan. Guten Appetit.

Asiatische Bowls

Teriyaki-Hähnchen-Bowl

Zubereitungszeit: 30 Minuten
Portionen: 1 Bowl

Zutaten:

- 150 g Hähnchenbrust, in Würfel geschnitten
- 100 g Jasminreis, gewaschen
- 50 ml Teriyaki-Würzsauce
- 100 g Brokkoli, in kleine Röschen geteilt
- 50 g Möhren, in dünne Scheiben geschnitten
- 1 TL Sesamöl
- 1 EL Sojasauce
- 1 TL Sesamsamen, geröstet
- 1 Frühlingszwiebel, in Ringe geschnitten
- 1 TL frischer Ingwer, fein gehackt
- 1 TL Honig
- Salz und Pfeffer
- 200 ml Wasser
- Frischer Koriander

Zubereitung:

1. Setze Wasser in einem Topf auf und koche den Jasminreis nach Packungsanleitung. Achte darauf, dass der Reis nicht verkocht.

2. In der Zwischenzeit erhitze das Sesamöl in einer Pfanne und brate die Hähnchenwürfel von allen Seiten an, bis sie goldbraun und durchgegart sind. Würze mit Salz und Pfeffer.

3. Füge den frischen Ingwer zu dem Hähnchen hinzu und lasse ihn kurz mitbraten.

4. Nun kommen Möhren und Brokkoli dazu. Dünste das Gemüse zusammen mit dem Hähnchen, bis es bissfest ist.

5. Gieße die Teriyaki- und Sojasauce über das Hähnchen-Gemüse-Gemisch und lasse alles für einige Minuten köcheln, bis die Sauce etwas eingedickt ist. Süße die Sauce mit einem Teelöffel Honig.

6. Mische den gekochten Reis unter das Hähnchen-Gemüse-Gemisch.

7. Serviere deine Teriyaki-Hähnchen-Bowl in einer Schale, bestreue sie mit den gerösteten Sesamsamen, den Frühlingszwiebelringen und garniere mit frischem Koriander. Guten Appetit.

Thai-Curry-Gemüse-Bowl

Zubereitungszeit: 25 Minuten
Portionen: 1 Bowl

Zutaten:

- 100 g Jasminreis, gewaschen
- 200 ml Kokosmilch, ungesüßt
- 1 TL grüne Currypaste
- 100 g Hühnerbrust, in Streifen geschnitten
- 1 EL Sojasauce
- 1 TL Fischsauce
- 50 g Zuckerschoten, gewaschen
- 50 g Karotten, in dünne Streifen geschnitten
- 1 kleine rote Paprika, gewürfelt
- 50 g Brokkoli, in kleine Röschen geteilt
- 1 TL natives Olivenöl extra
- Frischer Koriander, gehackt
- 1/2 Bio-Limette, in Vierteln
- 1 kleine rote Chili, in Ringe geschnitten
- 1 TL brauner Zucker
- Salz nach Geschmack

Zubereitung:

1. Du beginnst damit, den Jasminreis nach Packungsanleitung zu kochen.

2. Während der Reis kocht, erhitzt du das Olivenöl in einer Pfanne und gibst die Hühnerbruststreifen dazu. Brate sie, bis sie durchgegart sind.

3. Nun fügst du die Currypaste zum Hühnchen hinzu und rührst alles gut um, sodass das Hühnchen mit der Currypaste überzogen ist.

4. Gib die Kokosmilch dazu und rühre erneut gut um. Lasse das Ganze für etwa 5 Minuten köcheln.

5. Während das Curry köchelt, füge den braunen Zucker, die Sojasauce und die Fischsauce hinzu und rühre alles gut durch.

6. Gib nun das geschnittene Gemüse in die Pfanne und koche es mit, bis es gar, aber noch bissfest ist. Schmecke das Curry mit Salz ab.

7. Wenn der Reis fertig ist, füllst du ihn in eine Bowl und gießt das Thai-Curry darüber. Garniere deine Bowl mit frischem Koriander, Limettenvierteln und Chiliringen. Guten Appetit.

Sushi-Reis-Bowl

Zubereitungszeit: 30 Minuten
Portionen: 1 Bowl

Zutaten:

- 150 g Sushi-Reis, gewaschen
- 200 ml Wasser
- 1 EL Reisessig
- 1 TL Zucker
- 1/2 TL Salz
- 100 g Lachs, in Würfel geschnitten
- 1 mittelgroße Karotte, in Streifen geschnitten
- 50 g Edamame, geschält
- 1/2 Avocado, in Scheiben geschnitten
- 1 Frühlingszwiebel, in Ringe geschnitten
- 1 EL Sojasoße
- 1 TL Sesamöl
- 1 TL Schwarzer Sesam
- 1 Nori-Blatt, in Streifen geschnitten

Zubereitung:

1. Gib den Sushi-Reis mit Wasser in einen Topf. Bring es zum Kochen, dann reduziere die Hitze und lass den Reis 20 Minuten köcheln.

2. Mische Reisessig, Zucker und Salz in einer kleinen Schüssel und rühre um, bis sich Zucker und Salz aufgelöst haben. Gib die Mischung über den gekochten Reis und vermische alles gut.

3. Brate den Lachs mit ein wenig Öl in einer Pfanne, bis er gar ist.

4. Bereite eine Bowl vor. Lege zuerst den Sushi-Reis hinein und ordne dann Lachs, Karottenstreifen, Edamame, Avocadoscheiben und Frühlingszwiebeln schön darauf an.

5. Tröpfle Sojasoße und Sesamöl über deine Bowl und bestreue sie mit schwarzem Sesam und Nori-Streifen. Guten Appetit.

Kimchi-Tofu-Bowl

Zubereitungszeit: 20 Minuten
Portionen: 1 Bowl

Zutaten:

- 100 g Tofu, gewürfelt
- 1 Handvoll Baby Spinat, gewaschen
- 50 g Kimchi
- 50 g Reisnudeln
- 50 ml Sojasauce
- 1 TL Sesamöl
- 1 TL Sesamsamen
- 1 Frühlingszwiebel, in Ringe geschnitten
- 1 TL frischer Ingwer, gerieben
- 1 kleine Karotte, in Streifen geschnitten
- 1 TL natives Olivenöl extra
- 1 TL Honig

Zubereitung:

1. Koche die Reisnudeln nach Packungsanleitung. Wenn sie fertig sind, spüle sie unter kaltem Wasser ab und stelle sie beiseite.

2. Erhitze währenddessen das Olivenöl in einer Pfanne über mittlerer Hitze. Gib den Tofu hinzu und brate ihn, bis er eine goldene Farbe annimmt, das dauert ca. 5 Minuten.

3. Mische in einer kleinen Schüssel die Sojasauce, Sesamöl, Honig und den geriebenen Ingwer zusammen. Dies wird deine Sauce sein.

4. Füge die Sauce zu dem Tofu hinzu und lasse alles zusammen für ein paar Minuten köcheln.

5. Lege die Reisnudeln in eine Bowl. Ordne den gebratenen Tofu, den Spinat, das Kimchi und die Karottenstreifen darüber.

6. Bestreue deine Bowl mit Sesamsamen und Frühlingszwiebeln. Guten Appetit.

Udon-Nudeln-Bowl

Zubereitungszeit: 25 Minuten
Portionen: 1 Bowl

Zutaten:

- 100 g Udon-Nudeln, gekocht
- 50 g Hähnchenbrust, in Streifen geschnitten
- 1 Karotte, in feine Streifen geschnitten
- 5 frische Shiitake-Pilze, in Scheiben geschnitten
- 50 g Spinat, gewaschen
- 500 ml Hühnerbrühe
- 1 EL Sojasauce
- 1 EL Sesamöl
- 1 Frühlingszwiebel, in Ringe geschnitten
- 1 TL Sesamsamen
- 1 TL Ingwer, gerieben
- 1 Prise Salz
- 1 Prise Pfeffer

Zubereitung:

1. Bringe die Hühnerbrühe in einem Topf zum Kochen.

2. Gib die Hähnchenbruststreifen und den geriebenen Ingwer in die kochende Brühe und lasse sie etwa 10 Minuten bei mittlerer Hitze kochen, bis das Hähnchen durch ist.

3. In der Zwischenzeit erhitze das Sesamöl in einer Pfanne und brate die Karotten und Shiitake-Pilze an, bis sie weich sind. Würze sie mit einer Prise Salz und Pfeffer.

4. Füge den Spinat hinzu und dünste ihn kurz mit, bis er zusammenfällt.

5. Wenn das Hähnchen gar ist, füge die Udon-Nudeln zur Brühe hinzu und lasse sie 2-3 Minuten in der Brühe ziehen, bis sie heiß sind.

6. Füge nun die Sojasauce hinzu und schmecke die Suppe ab. Falls nötig, würze mit Salz und Pfeffer nach.

7. Fülle die Suppe in eine Bowl und verteile das Gemüse darauf.

8. Bestreue die Bowl mit den Frühlingszwiebelringen und den Sesamsamen. Guten Appetit.

Rindfleisch-Pho-Bowl

Zubereitungszeit: 30 Minuten
Portionen: 1 Bowl

Zutaten:

- 150 g Rindfleisch, in dünne Scheiben geschnitten
- 750 ml Rinderbrühe
- 1 Sternanis
- 1 Zimtstange
- 1 TL Fenchelsamen
- 1 EL Sojasoße
- 1 EL Fischsauce
- 1 TL Zucker
- 100 g Reisnudeln
- 1 Frühlingszwiebel, fein geschnitten
- 1 kleine Chilischote, in Ringe geschnitten
- Frischer Koriander, grob gehackt
- 1 Bio-Limette, geviertelt
- Frischer Ingwer, ca. 2 cm, in dünne Scheiben geschnitten
- 2 EL natives Olivenöl extra

Zubereitung:

1. Erhitze das Olivenöl in einem Topf und brate das Rindfleisch kurz an, bis es braun ist. Nimm das Fleisch aus dem Topf und stelle es beiseite.

2. Gib Sternanis, Zimtstange, Fenchelsamen und Ingwerscheiben in denselben Topf und röste sie kurz an, bis sie duften.

3. Gieße die Rinderbrühe dazu und füge Sojasoße, Fischsauce und Zucker hinzu. Lass die Brühe aufkochen und dann bei niedriger Hitze etwa 20 Minuten köcheln.

4. Während die Brühe köchelt, koche die Reisnudeln nach Packungsanleitung und schneide die Frühlingszwiebel, Chili und Koriander.

5. Siebe die Brühe durch ein Sieb, um die Gewürze zu entfernen, und gib die Brühe zurück in den Topf.

6. Füge das angebratene Rindfleisch zur Brühe hinzu und lass es 2-3 Minuten mitkochen, bis das Fleisch gar ist.

7. Lege die gekochten Reisnudeln in eine Bowl, gieße die heiße Brühe mit dem Rindfleisch darüber und garniere mit Frühlingszwiebel, Chili, Koriander und Limettenvierteln. Guten Appetit.

Wok-Gemüse-Bowl

Zubereitungszeit: 30 Minuten
Portionen: 1 Bowl

Zutaten:

- 150 g Hühnerbrust, in feine Streifen geschnitten
- 100 g Brokkoli, in kleine Röschen geteilt
- 1 mittelgroße Karotte, in dünne Scheiben geschnitten
- 1 kleine rote Paprika, in dünne Streifen geschnitten
- 50 g Sojasprossen
- 2 Frühlingszwiebeln, in Ringe geschnitten
- 1 EL Sojasauce
- 1 EL Sesamöl
- 1 EL Sonnenblumenöl
- 1 TL frischer Ingwer, gerieben
- 1 TL Honig
- 1 TL Sesamsamen
- Salz und Pfeffer zum Abschmecken
- 100 g Basmatireis, gekocht

Zubereitung:

1. Beginne mit dem Erhitzen des Sonnenblumenöls im Wok über mittlerer Hitze. Gib die Hühnerbruststreifen hinzu und brate sie, bis sie durchgegart und leicht gebräunt sind. Nimm das Fleisch heraus und stelle es beiseite.

2. Gib nun das Sesamöl in den Wok und füge Brokkoli, Karotten und Paprika hinzu. Brate das Gemüse etwa 5 Minuten lang an, bis es weich, aber noch bissfest ist.

3. Mische in einer kleinen Schüssel Sojasauce, geriebenen Ingwer und Honig und gieße die Mischung über das Gemüse im Wok. Rühre gut um, so dass alles mit der Sauce bedeckt ist.

4. Füge die angebratenen Hühnerbruststreifen und die Sojasprossen hinzu und vermische alles gut miteinander. Lass es noch ein paar Minuten köcheln, bis alles heiß ist.

5. Richte den Basmatireis in einer Bowl an und lege das Gemüse und Hühnerfleisch darauf. Bestreue das Ganze mit Frühlingszwiebelringen und Sesamsamen und würze bei Bedarf mit Salz und Pfeffer. Guten Appetit.

Süß-Sauer-Hähnchen-Bowl

Zubereitungszeit: 25 Minuten
Portionen: 1 Bowl

Zutaten:

- 150 g Hähnchenbrust, in Würfel geschnitten
- 80 g Basmatireis, gewaschen
- 1 Karotte, in dünne Streifen geschnitten
- 1 kleine rote Paprika, in Streifen geschnitten
- 50 g Ananas, gewürfelt
- 2 Frühlingszwiebeln, in Ringe geschnitten
- 1 EL Sojasauce
- 1 EL Reisessig
- 1 TL Honig
- 1 TL Senf
- 1 EL natives Olivenöl extra
- Salz und Pfeffer nach Geschmack
- Frischer Koriander
- 1 EL Sesamsamen
- 200 ml Wasser

Zubereitung:

1. Setze einen Topf mit 200 ml Wasser auf und koche den Basmatireis nach Packungsanleitung. Wenn der Reis gar ist, beiseite stellen.

2. In der Zwischenzeit erhitzt du das Olivenöl in einer Pfanne. Gib die Hähnchenwürfel hinzu, würze mit Salz und Pfeffer und brate sie, bis sie goldbraun und durchgegart sind.

3. Füge die Karotten, Paprika und Frühlingszwiebeln hinzu und brate das Gemüse kurz mit dem Hähnchen an.

4. Mische in einer kleinen Schüssel Sojasauce, Reisessig, Honig und Senf, um die Süß-Sauer-Sauce herzustellen. Gieße die Sauce über das Hähnchen und das Gemüse und lasse alles etwa 5 Minuten köcheln, bis die Sauce etwas eingedickt ist.

5. Füge die Ananasstücke hinzu und lasse sie kurz mitköcheln.

6. Lege den gekochten Reis in eine Bowl und gib die Hähnchen-Gemüse-Mischung darüber. Garniere mit frischem Koriander und streue Sesamsamen darüber. Guten Appetit.

Kokos-Curry-Lachs-Bowl

Zubereitungszeit: 30 Minuten
Portionen: 1 Bowl

Zutaten:

- 150 g Lachsfilet, ohne Haut
- 100 g Jasminreis
- 1 TL Currypulver
- 200 ml Kokosmilch, unge-süßt
- 1 Karotte, geschält und in dünne Streifen geschnitten
- 1 Frühlingszwiebel, in Ringe geschnitten
- 1 TL Sesamöl
- 1 EL Sojasauce
- 1 EL Bio-Limettensaft
- 1 EL frischer Koriander, fein gehackt
- 1/2 TL Chiliflocken
- Salz und Pfeffer nach Geschmack
- 1 EL natives Olivenöl extra

Zubereitung:

1. Starte damit, den Jasminreis nach Packungsanleitung zu kochen. Während der Reis kocht, kannst du mit den anderen Schritten fortfahren.

2. Gib das Sesamöl, die Sojasauce, den Limettensaft und das Currypulver in eine Schüssel und vermische alles gut miteinander.

3. Würze das Lachsfilet mit Salz und Pfeffer und beträufele es mit der Hälfte der Marinade. Lass den Lachs etwa 10 Minuten mariniert stehen.

4. Erhitze das Olivenöl in einer Pfanne bei mittlerer Hitze. Wenn das Öl heiß ist, brate den Lachs 2-3 Minuten pro Seite oder bis er goldbraun und durchgegart ist.

5. In der Zwischenzeit kannst du die Kokosmilch in einem Topf zum Kochen bringen und leicht salzen. Reduziere dann die Hitze und lass sie leicht köcheln, bis sie sich etwas reduziert hat.

6. Lege den gekochten Reis in eine Bowl und gieße die Kokosmilch darüber. Lege das gebratene Lachsfilet auf den Reis.

7. Verteile die Karottenstreifen, die Frühlingszwiebelringe und den frischen Koriander über die Bowl und würze mit den Chiliflocken.

8. Gieße die restliche Marinade über die Bowl. Guten Appetit.

Bibimbap-Bowl

Zubereitungszeit: 30 Minuten
Portionen: 1 Bowl

Zutaten:

- 100 g Basmatireis, gewaschen
- 1 Karotte, geschält und in dünne Streifen geschnitten
- 1 kleine Zucchini, in dünne Scheiben geschnitten
- 1 Frühlingszwiebel, in feine Ringe geschnitten
- 50 g frische Spinatblätter, gewaschen
- 50 g Rindfleisch (z.B. Steak), in Streifen geschnitten
- 1 EL Sojasauce
- 1 EL Sesamöl
- 1 Bio-Ei, aufgeschlagen
- 1 TL Sesamsamen, geröstet
- 1 TL Chiliflocken
- Salz und Pfeffer nach Geschmack
- 1 EL natives Olivenöl extra zum Braten

Zubereitung:

1. Koche den Basmatireis nach Packungsanleitung. Während der Reis kocht, kannst du die anderen Zutaten vorbereiten.

2. Erhitze etwas Olivenöl in einer Pfanne und brate die Karottenstreifen und Zucchinischeiben bis sie weich, aber noch bissfest sind. Würze sie mit etwas Salz und Pfeffer. Lege das Gemüse beiseite.

3. In der gleichen Pfanne füge ein wenig mehr Olivenöl hinzu und brate die Rindfleischstreifen, bis sie durch sind. Füge die Sojasauce hinzu und lasse das Fleisch kurz darin schmoren. Dann lege auch das Fleisch beiseite.

4. Gare nun das aufgeschlagene Ei in der Pfanne, bis es fest ist, aber das Eigelb noch etwas flüssig bleibt.

5. Jetzt kannst du anfangen, deine Bowl zusammenzustellen. Lege den gekochten Reis in eine Schüssel und ordne das gebratene Gemüse, das Rindfleisch und das Ei darüber.

6. Garniere die Bowl mit Frühlingszwiebelringen, Sesamsamen und Chiliflocken. Träufle das Sesamöl über die Bowl. Guten Appetit.

Mediterrane Bowls

Italienische Antipasti-Bowl

Zubereitungszeit: 20 Minuten
Portionen: 1 Bowl

Zutaten:

- 100 g Kirschtomaten, halbiert
- 50 g schwarze Oliven, entsteint und halbiert
- 1 Mozzarella (125 g), in kleine Würfel geschnitten
- 70 g Artischockenherzen, abgetropft und geviertelt
- 50 g geröstete rote Paprika, in Streifen geschnitten
- 1 EL frisches Basilikum, gehackt
- 50 g Rucola
- 1 EL natives Olivenöl extra
- 1 EL Balsamicoessig
- 1 TL Oregano
- Salz und Pfeffer nach Geschmack

Zubereitung:

1. Nimm eine große Schüssel und gib den Rucola hinein.

2. Verteile nun die halbierten Kirschtomaten, die entsteinten und halbierten schwarzen Oliven, die Artischockenherzen und die Streifen der gerösteten roten Paprika über den Rucola.

3. Gib die Würfel des Mozzarellas dazu.

4. Für das Dressing vermische in einer kleinen Schüssel Olivenöl und Balsamicoessig. Würze mit Salz, Pfeffer und Oregano.

5. Träufle das Dressing gleichmäßig über deine Antipasti-Bowl.

6. Zum Schluss streue das frisch gehackte Basilikum darüber. Guten Appetit.

Tapenade-Oliven-Bowl

Zubereitungszeit: 25 Minuten
Portionen: 1 Bowl

Zutaten:

- 50 g schwarze Oliven, entsteint und fein gehackt
- 30 g grüne Oliven, entsteint und fein gehackt
- 1 EL Kapern, abgespült und fein gehackt
- 1 kleine Knoblauchzehe, fein gehackt
- 2 EL natives Olivenöl extra
- 1 TL Bio-Zitronensaft
- 150 g Quinoa, gekocht und abgekühlt
- 100 g Kirschtomaten, halbiert
- 1 kleine rote Zwiebel, fein gewürfelt
- 50 g Feta, gewürfelt
- 1 Handvoll frischer Basilikum, fein gehackt
- Salz und Pfeffer nach Geschmack

Zubereitung:

1. Mische in einer kleinen Schüssel schwarze und grüne Oliven, Kapern, Knoblauch, Olivenöl und Zitronensaft zusammen, um die Tapenade zu erstellen. Würze sie nach Belieben mit Salz und Pfeffer.

2. In einer separaten, größeren Schüssel vermische Quinoa, Kirschtomaten, rote Zwiebel und Feta miteinander.

3. Gib nun die Tapenade zu den anderen Zutaten in der großen Schüssel und mische alles sorgfältig durch.

4. Garniere deine Bowl zum Schluss mit dem frisch gehackten Basilikum und würze, wenn nötig, noch einmal mit Salz und Pfeffer nach. Guten Appetit.

Feta-Tomaten-Bowl

Zubereitungszeit: 20 Minuten
Portionen: 1 Bowl

Zutaten:

- 100 g Feta, gewürfelt
- 150 g Kirschtomaten, halbiert
- 100 g Couscous, gekocht
- 50 g Rucola, gewaschen und grob gehackt
- 50 g Gurke, gewürfelt
- 1 EL natives Olivenöl extra
- 1 TL Balsamico-Essig
- 1 TL Honig
- Salz und Pfeffer nach Geschmack
- 1 EL frische Basilikumblätter, gehackt
- 1/2 Bio-Zitrone, Saft
- 1 EL Sonnenblumenkerne, geröstet

Zubereitung:

1. Koche den Couscous nach Packungsanleitung und lasse ihn abkühlen.
2. Halbiere währenddessen die Kirschtomaten und würfle den Feta sowie die Gurke.
3. In einer großen Schüssel vermische den gekochten Couscous, die Tomaten, den Feta, die Gurke und den Rucola.
4. In einer kleinen Schüssel mische das Olivenöl, den Balsamico-Essig, den Honig, Salz und Pfeffer, um das Dressing herzustellen.
5. Gib das Dressing über die Couscous-Mischung und rühre gut um, bis alles schön vermengt ist.
6. Füge den Saft der halben Zitrone und die frischen Basilikumblätter hinzu und mische alles noch einmal gut durch.
7. Röste die Sonnenblumenkerne in einer Pfanne ohne Öl, bis sie goldbraun sind und gib sie dann über die Bowl.
8. Abschmecken und eventuell nachwürzen. Guten Appetit.

Bruschetta-Pasta-Bowl

Zubereitungszeit: 30 Minuten
Portionen: 1 Bowl

Zutaten:

- 100 g Spaghetti
- 2 Tomaten, gewürfelt
- 1 kleine rote Zwiebel, fein gewürfelt
- 1 EL natives Olivenöl extra
- 1 TL Balsamico-Essig
- 1 Knoblauchzehe, fein gehackt
- 1 Handvoll frisches Basilikum, gehackt
- Salz und Pfeffer nach Geschmack
- 30 g Feta, zerkrümelt
- 1 EL Pinienkerne, geröstet

Zubereitung:

1. Koche die Spaghetti nach Packungsanweisung in reichlich Salzwasser, bis sie al dente sind. Gieße sie ab und stelle sie beiseite.

2. Während die Pasta kocht, vermische in einer kleinen Schüssel Tomaten, Zwiebeln, Knoblauch, Basilikum, Olivenöl und Balsamico-Essig. Würze die Mischung mit Salz und Pfeffer.

3. Röste die Pinienkerne in einer kleinen Pfanne ohne Fett bei mittlerer Hitze, bis sie golden sind. Pass auf, dass sie nicht verbrennen, und stelle sie dann beiseite.

4. Mische die gekochte Pasta unter die Tomatenmischung und rühre alles gut durch.

5. Gib die Bruschetta-Pasta in eine Bowl und garniere sie mit dem zerkrümelten Feta und den gerösteten Pinienkernen. Guten Appetit.

Spanische Paella-Bowl

Zubereitungszeit: 30 Minuten
Portionen: 1 Bowl

Zutaten:

- 150 g Reis
- 100 g Hähnchenbrust, in Würfel geschnitten
- 70 g Garnelen, geschält und entdarmt
- 50 g Erbsen, tiefgekühlt
- 1/2 rote Paprika, gewürfelt
- 1/2 Zwiebel, fein gewürfelt
- 1 Tomate, gewürfelt
- 1 EL natives Olivenöl extra
- 1 TL Paprikapulver, edelsüß
- 1/2 TL Safranfäden
- 250 ml Hühnerbrühe
- Salz und Pfeffer
- 1/2 Bio-Zitrone, in Spalten geschnitten
- Frische Petersilie, gehackt

Zubereitung:

1. Erhitze das Olivenöl in einer Pfanne über mittlerer Hitze.

2. Brate die Hähnchenwürfel an, bis sie golden und durchgebraten sind. Nimm sie dann aus der Pfanne und setze sie beiseite.

3. In derselben Pfanne füge die Zwiebeln und Paprika hinzu und dünste sie, bis sie weich sind.

4. Gib die Garnelen dazu und brate sie, bis sie rosa und durchgegart sind.

5. Füge nun den Reis, Paprikapulver, Safranfäden und die Hühnerbrühe hinzu. Rühre alles gut um und lasse es für etwa 15 Minuten köcheln, bis der Reis die Flüssigkeit aufgenommen hat.

6. Während der Reis kocht, erwärme die Erbsen und mische sie unter den Reis, wenn dieser fast fertig ist.

7. Füge das angebratene Hähnchen, die Tomatenwürfel, Salz und Pfeffer hinzu und rühre alles gut durch.

8. Lasse die Paella noch ein paar Minuten ziehen, bis alle Zutaten heiß sind.

9. Fülle deine Bowl mit der fertigen Paella, garniere sie mit Zitronenspalten und streue frische Petersilie darüber. Guten Appetit.

Pesto-Genovese-Bowl

Zubereitungszeit: 25 Minuten
Portionen: 1 Bowl

Zutaten:

- 80 g Quinoa, gut gespült und abgetropft
- 60 g frisches Basilikum, gewaschen und grob gehackt
- 30 g Pinienkerne, leicht geröstet
- 20 g Parmesan, frisch gerieben
- 1 Knoblauchzehe, geschält und gehackt
- 50 ml natives Olivenöl extra
- Salz und Pfeffer zum Abschmecken
- 150 g Cherrytomaten, halbiert
- 50 g Mozzarella, in kleine Stücke zerrissen
- 60 g Baby-Spinat, gewaschen
- 1 EL Balsamico-Essig
- 1/2 Bio-Zitrone, Saft davon

Zubereitung:

1. Koche die Quinoa nach den Anweisungen auf der Verpackung und lasse sie danach abkühlen.
2. Während die Quinoa kocht, bereite das Pesto zu. Gib das Basilikum, die Pinienkerne, den Parmesan, den Knoblauch, das Olivenöl, Salz und Pfeffer in einen Mixer und verarbeite alles zu einem feinen Pesto.
3. Mische die abgekühlte Quinoa mit der Hälfte des Pestos, um sie schön zu würzen.
4. Lege die gewürzte Quinoa als Basis in eine Schüssel.
5. Verteile darüber die Cherrytomaten, den Mozzarella und den Baby-Spinat.
6. Gib das restliche Pesto über die Zutaten in der Bowl.
7. Tröpfle den Balsamico und den Zitronensaft darüber.
8. Zum Schluss mit ein wenig Salz und Pfeffer abschmecken. Guten Appetit.

Ratatouille-Provence-Bowl

Zubereitungszeit: 30 Minuten
Portionen: 1 Bowl

Zutaten:

- 1 kleine Zucchini, in Würfel geschnitten
- 1 kleine Aubergine, in Würfel geschnitten
- 1 rote Paprika, entkernt und in Streifen geschnitten
- 100 g Kirschtomaten, halbiert
- 1 Zwiebel, gewürfelt
- 2 Knoblauchzehen, fein gehackt
- 150 g Couscous, gut gespült und abgetropft
- 2 EL natives Olivenöl extra
- 1 TL Kräuter der Provence
- 200 ml Gemüsebrühe
- 1 EL Tomatenmark
- Salz und Pfeffer zum Abschmecken
- Frische Basilikumblätter

Zubereitung:

1. Erhitze das Olivenöl in einer Pfanne über mittlerer Hitze. Gib die Zwiebeln und den Knoblauch dazu und dünste sie, bis sie weich und goldbraun sind.

2. Füge die Auberginen- und Zucchinistücke hinzu und brate sie einige Minuten mit, bis sie leicht gebräunt und weich sind.

3. Mische die Paprika und Tomaten hinzu und lasse alles zusammen für weitere 10 Minuten köcheln, bis das Gemüse weich ist.

4. Füge das Tomatenmark, Kräuter der Provence, Salz und Pfeffer hinzu. Vermenge alles gut miteinander.

5. In der Zwischenzeit bringe die Gemüsebrühe in einem Topf zum Kochen. Füge den Couscous hinzu, nimm den Topf vom Herd und lasse ihn zugedeckt für ca. 5 Minuten quellen, bis die Flüssigkeit aufgenommen ist. Lockere den Couscous dann mit einer Gabel auf.

6. Lege den Couscous als Basis in eine Bowl. Verteile das Ratatouille-Gemüse darüber und garniere es mit frischen Basilikumblättern. Guten Appetit.

Tzatziki-Gurken-Bowl

Zubereitungszeit: 15 Minuten
Portionen: 1 Bowl

Zutaten:

- 1 kleine Gurke, gewürfelt
- 150 g griechischer Joghurt
- 1 kleine Knoblauchzehe, fein gehackt
- 2 EL frischer Dill, gehackt
- 2 EL natives Olivenöl extra
- 1 EL frischer Bio-Zitronensaft
- 100 g gekochter Quinoa
- 50 g Kirschtomaten, halbiert
- 50 g Feta, gewürfelt
- Salz und Pfeffer nach Geschmack
- 1 Prise getrockneter Oregano
- 1 EL schwarze Oliven, entsteint und geschnitten
- Frisches Gemüse nach Wahl (z.B. Paprika, Möhren), geschnitten

Zubereitung:

1. Mische zuerst den griechischen Joghurt, den frisch gehackten Knoblauch, den Dill, 1 EL Olivenöl und den Zitronensaft in einer Schüssel. Rühre alles gut um, bis eine cremige Sauce entsteht. Schmecke mit Salz und Pfeffer ab und stelle die Schüssel beiseite.

2. Dann gib die gewürfelte Gurke und die halbierten Kirschtomaten in eine separate Schüssel. Gib einen kleinen Spritzer Olivenöl, Salz, Pfeffer und eine Prise getrockneten Oregano dazu und vermische alles gut miteinander.

3. Lege nun den gekochten Quinoa als Basis in deine Bowl. Verteile das Gurken-Tomaten-Gemisch, die Feta-Würfel, die schwarzen Oliven und das frische Gemüse darüber.

4. Gieße zum Schluss die Tzatziki-Sauce über deine Bowl. Gib, wenn du magst, noch etwas mehr frischen Dill oder andere Kräuter darüber. Guten Appetit.

Caprese-Basilikum-Bowl

Zubereitungszeit: 20 Minuten
Portionen: 1 Bowl

Zutaten:

- 100 g Mozzarella, gewürfelt
- 100 g Cherrytomaten, halbiert
- 50 g frischer Basilikum, gehackt
- 70 g Avocado, gewürfelt
- 50 g Rucola, gewaschen und getrocknet
- 30 ml Balsamico-Essig
- 2 EL natives Olivenöl extra
- 1 TL Meersalz
- 1 TL schwarzer Pfeffer, frisch gemahlen
- 50 g Couscous, gekocht
- 1 EL Pinienkerne, geröstet

Zubereitung:

1. Du startest, indem du den Couscous nach Packungsanweisung kochst und dann abkühlen lässt.

2. In der Zwischenzeit kannst du den Mozzarella würfeln, die Cherrytomaten halbieren und die Avocado in kleine Stücke schneiden.

3. Nun vermengst du Mozzarella, Tomaten, Avocado, frischen Basilikum und Rucola in einer großen Schüssel.

4. Als nächstes gibst du das Balsamico-Essig, das Olivenöl, das Meersalz und den frisch gemahlenen Pfeffer dazu und vermischst alles gut miteinander.

5. Wenn der Couscous abgekühlt ist, fügst du ihn zur Mischung hinzu und vermengst alles noch einmal gründlich.

6. Jetzt kommt der letzte Schliff: Die gerösteten Pinienkerne darüberstreuen und alles noch einmal leicht durchmischen. Guten Appetit.

Hummus-Bowl

Zubereitungszeit: 20 Minuten
Portionen: 1 Bowl

Zutaten:

- 200 g Kichererbsen, abgespült und abgetropft
- 2 EL natives Olivenöl extra
- 1 TL Tahini (Sesampaste)
- Saft von 1 Bio-Zitrone
- 1 Knoblauchzehe, geschält und gepresst
- Salz und Pfeffer, nach Geschmack
- 150 g gemischte Cherrytomaten, halbiert
- 70 g Gurke, gewürfelt
- 50 g Feta, zerbröckelt
- 40 g schwarze Oliven, entsteint
- 1 EL frische Petersilie, gehackt
- 100 g Quinoa, gekocht

Zubereitung:

1. Beginne damit, den Hummus zuzubereiten. Nimm die Kichererbsen, Tahini, Olivenöl, gepressten Knoblauch und Zitronensaft und gib diese in eine Küchenmaschine oder einen Mixer. Mixe alles gut durch, bis es eine glatte Masse ist. Schmecke den Hummus mit Salz und Pfeffer ab.

2. Koche die Quinoa nach den Anweisungen auf der Verpackung und lasse sie ein wenig abkühlen, während du die restlichen Zutaten vorbereitest.

3. Teile die Cherrytomaten in Hälften, würfle die Gurke und halbiere die Oliven.

4. Wenn die Quinoa abgekühlt ist, kannst du mit der Zusammenstellung deiner Bowl beginnen. Lege zuerst die Quinoa als Basis in die Bowl.

5. Gib nun den frisch zubereiteten Hummus über die Quinoa.

6. Füge die Cherrytomaten, Gurkenstücke, schwarze Oliven und zerbröckelten Feta hinzu.

7. Zum Schluss bestreue deine Bowl mit der frisch gehackten Petersilie und beträufle sie mit ein wenig Olivenöl. Wenn du magst, kannst du auch noch einen Spritzer Zitronensaft hinzufügen. Guten Appetit.

Herzhafte Bowls

Shepherd's Pie-Bowl

Zubereitungszeit: 30 Minuten
Portionen: 1 Bowl

Zutaten:

- 150 g Kartoffeln, geschält und gewürfelt
- 70 g Hackfleisch, gewürzt nach Belieben
- 50 g Erbsen, tiefgefroren
- 30 g Möhren, geschält und klein geschnitten
- 1 kleine Zwiebel, fein gewürfelt
- 125 ml Rinderbrühe
- 50 ml Milch
- 15 g Butter
- Salz und Pfeffer nach Geschmack
- 1 TL natives Olivenöl extra
- 1 EL Tomatenmark
- 1 Prise Muskatnuss
- Frische Petersilie, fein gehackt

Zubereitung:

1. Setze einen Topf mit Wasser auf und koche die Kartoffelwürfel weich. Sobald die Kartoffeln weich sind, gieße das Wasser ab und gib die Milch und die Butter dazu. Stampfe alles zu einem glatten Kartoffelpüree. Würze mit Salz, Pfeffer und einer Prise Muskatnuss. Halte das Püree warm.

2. Erhitze währenddessen das Olivenöl in einer Pfanne und brate das Hackfleisch darin krümelig an. Füge die Zwiebelwürfel hinzu und dünste sie mit, bis sie glasig sind.

3. Gib das Tomatenmark zum Hackfleisch und röste es kurz mit. Füge dann die klein geschnittenen Möhren und die Rinderbrühe hinzu. Lasse alles bei mittlerer Hitze köcheln, bis die Möhren weich sind.

4. Lege die tiefgefrorenen Erbsen dazu und lasse alles noch weitere 5 Minuten köcheln, bis auch die Erbsen gar sind. Würze die Hackfleisch-Gemüse-Mischung mit Salz und Pfeffer nach Geschmack.

5. Fülle das Hackfleisch-Gemüse in eine Bowl und setze darauf einen Klecks Kartoffelpüree. Garniere das Ganze mit etwas frisch gehackter Petersilie. Guten Appetit.

Kürbis-Suppe-Bowl

Zubereitungszeit: 25 Minuten
Portionen: 1 Bowl

Zutaten:

- 200 g Hokkaido-Kürbis, gewürfelt
- 1 mittelgroße Karotte, geschält und geschnitten
- 1 kleine Zwiebel, gewürfelt
- 1 kleine Kartoffel, geschält und gewürfelt
- 2 EL natives Olivenöl extra
- 500 ml Gemüsebrühe
- 1 TL Kreuzkümmel, gemahlen
- Salz und Pfeffer nach Geschmack
- 2 EL Sahne
- 1 EL Kürbiskerne, geröstet
- Frische Petersilie, gehackt

Zubereitung:

1. Setze einen Topf bei mittlerer Hitze auf und gib das Olivenöl hinein. Füge die gewürfelte Zwiebel hinzu und dünste sie, bis sie glasig ist.

2. Gib nun den gewürfelten Kürbis, die geschnittene Karotte und die gewürfelte Kartoffel in den Topf und lasse das Ganze einige Minuten anbraten.

3. Streue den gemahlenen Kreuzkümmel über das Gemüse und mische gut durch.

4. Gieße die Gemüsebrühe in den Topf und bringe die Suppe zum Kochen. Reduziere dann die Hitze und lasse die Suppe 15 Minuten köcheln, bis das Gemüse weich ist.

5. Püriere die Suppe mit einem Stabmixer, bis sie glatt ist. Schmecke mit Salz und Pfeffer ab und rühre die Sahne unter.

6. Fülle die Suppe in eine Bowl und garniere sie mit den gerösteten Kürbiskernen und der frischen Petersilie. Guten Appetit.

Lamm-Curry-Bowl

Zubereitungszeit: 30 Minuten
Portionen: 1 Bowl

Zutaten:

- 150 g Lammfleisch, in kleine Würfel geschnitten
- 1 mittelgroße Zwiebel, fein gewürfelt
- 1 kleine Karotte, in dünne Scheiben geschnitten
- 1/2 rote Paprika, in Streifen geschnitten
- 1 EL Currypulver
- 200 ml Kokosmilch, ungesüßt
- 100 g Basmatireis
- 1 TL Kokosöl
- 1 TL frischer Ingwer, fein gerieben
- 1 kleine Knoblauchzehe, fein gehackt
- 1 EL Sojasoße
- 1 TL Honig
- Salz und Pfeffer
- Frischer Koriander, grob gehackt
- 1 Frühlingszwiebel, in Ringe geschnitten

Zubereitung:

1. Beginne, indem du den Basmatireis nach Packungsanleitung kochst.

2. Während der Reis kocht, erhitze das Kokosöl in einer Pfanne über mittlerer Hitze. Füge das Lammfleisch hinzu und brate es an, bis es schön braun und durch ist. Dies sollte etwa 5-7 Minuten dauern.

3. Gib die Zwiebeln, Karotte, Paprika, Ingwer und Knoblauch dazu und lasse alles weitere 3-4 Minuten braten, bis das Gemüse weich wird.

4. Streue das Currypulver über das Fleisch und das Gemüse und rühre gut um, damit alles gleichmäßig gewürzt ist.

5. Gieße die Kokosmilch dazu, rühre erneut um und lasse alles etwa 10 Minuten köcheln.

6. Würze die Curry-Mischung mit Sojasoße, Honig, Salz und Pfeffer ab und lasse es weiterköcheln, bis es die gewünschte Konsistenz erreicht hat.

7. Wenn der Reis fertig ist, verteile ihn in einer Bowl. Gib das Lamm-Curry darüber und garniere es mit frischem Koriander und Frühlingszwiebeln. Guten Appetit.

Gefüllte Paprika-Bowl

Zubereitungszeit: 30 Minuten
Portionen: 1 Bowl

Zutaten:

- 1 große rote Paprika, gewaschen und gehackt
- 100 g Quinoa, gut gespült und abgetropft
- 200 ml Gemüsebrühe
- 1 kleine Zwiebel, gewürfelt
- 1 kleine Knoblauchzehe, fein gehackt
- 50 g frische Champignons, geschnitten
- 1 EL natives Olivenöl extra
- 1 TL Paprikapulver, edelsüß
- 1 Prise Kreuzkümmel
- Salz und Pfeffer nach Geschmack
- 1 EL frischer Bio-Zitronensaft
- 1 Handvoll frischer Koriander, gehackt
- 1 EL Naturjoghurt
- 1 EL Feta, zerbröselt
- 1 kleine Tomate, gewürfelt

Zubereitung:

1. Beginne mit dem Quinoa. Gib ihn in einen Topf zusammen mit der Gemüsebrühe. Lass das Ganze aufkochen und dann bei niedriger Hitze ca. 15 Minuten köcheln, bis der Quinoa gar ist.

2. Während der Quinoa kocht, erhitze das Olivenöl in einer Pfanne über mittlerer Hitze. Füge die Zwiebel und den Knoblauch hinzu und brate sie, bis sie weich und goldbraun sind.

3. Gib nun die gehackten Champignons dazu und brate sie, bis sie weich sind.

4. Füge die gewürfelte Paprika, das Paprikapulver und den Kreuzkümmel hinzu. Brate alles für etwa 5 Minuten weiter.

5. Jetzt würzt du alles mit Salz, Pfeffer und Zitronensaft.

6. Wenn der Quinoa fertig ist, mische ihn unter das Gemüse in der Pfanne und lass alles nochmal ein paar Minuten zusammen köcheln.

7. Zum Schluss füllst du deine Bowl mit der Quinoa-Gemüse-Mischung, garnierst sie mit frischem Koriander, Naturjoghurt, zerbröseltem Feta und gewürfelten Tomaten. Guten Appetit.

Chili-Schokolade-Bowl

Zubereitungszeit: 25 Minuten
Portionen: 1 Bowl

Zutaten:

- 100 g Zartbitterschokolade (min. 70% Kakao), grob gehackt
- 150 g gekochte Quinoa
- 1 kleine rote Chili, entkernt und fein geschnitten
- 1 EL natives Olivenöl extra
- 200 g Hühnerbrust, in Würfel geschnitten
- 1 TL Chilipulver
- Salz nach Geschmack
- 1 Avocado, geschält und gewürfelt
- 50 g Baby-Spinat, gewaschen
- 50 g Cherrytomaten, halbiert
- 30 g Feta, zerbröselt
- 1 EL frischer Bio-Limettensaft
- 1 EL frischer Koriander, gehackt

Zubereitung:

1. In einem kleinen Topf die Zartbitterschokolade bei niedriger Hitze schmelzen lassen. Ein paar Scheiben frische Chili hinzufügen und umrühren, bis sie gut vermischt sind. Vom Herd nehmen und zur Seite stellen.

2. Das Olivenöl in einer Pfanne erhitzen und die Hühnerbrustwürfel darin anbraten. Mit Chilipulver und Salz würzen und braten, bis sie durchgegart sind.

3. Die Quinoa, die gewürfelte Avocado, den Baby-Spinat, die Cherrytomaten und die zerbröselte Feta in die Bowl geben.

4. Die Chili-Schoko-Soße über die Bowl träufeln und alles gut vermengen, sodass alle Zutaten mit der Soße bedeckt sind.

5. Zum Schluss mit Limettensaft und frischem Koriander verfeinern. Guten Appetit.

Lasagne-Bowl

Zubereitungszeit: 35 Minuten
Portionen: 1 Bowl

Zutaten:

- 100 g Lasagneblätter, gebrochen
- 150 ml passierte Tomaten
- 1 kleine Zwiebel, gewürfelt
- 1 EL natives Olivenöl extra
- 50 g Spinat, gewaschen
- 75 g Mozzarella, gerieben
- 50 g Hackfleisch (Rind oder Schwein)
- 1 TL Oregano, getrocknet
- 1 TL Basilikum, getrocknet
- Salz und Pfeffer
- 50 ml Wasser
- 50 g Ricotta
- 1 TL Parmesan, gerieben
- 1 kleine Tomate, gewürfelt

Zubereitung:

1. Koche zuerst die gebrochenen Lasagneblätter in leicht gesalzenem Wasser nach Packungsanweisung, sie sollten al dente sein. Wenn sie fertig sind, leere das Wasser aus und stelle sie beiseite.

2. Während die Lasagneblätter kochen, erhitzt du das Olivenöl in einer Pfanne und brätst die Zwiebeln darin an, bis sie glasig sind. Gib das Hackfleisch zu den Zwiebeln und brate es, bis es krümelig und braun ist. Würze mit Salz, Pfeffer, Oregano und Basilikum.

3. Mische nun die passierten Tomaten und Wasser unter das Hackfleisch und lass alles für etwa 10 Minuten köcheln, bis die Sauce etwas eindickt.

4. In der Zwischenzeit kannst du den Spinat in einer separaten Pfanne mit ein wenig Wasser zusammenfallen lassen. Es dauert nur etwa 2-3 Minuten.

5. Nun geht es an das Zusammenstellen deiner Buddha Bowl. Beginne mit einer Schicht der Lasagneblätter, gefolgt von der Hackfleisch-Tomatensauce, dem Spinat, Mozzarella, Ricotta, gewürfelten Tomaten und Parmesan.

6. Setze die Bowl in den vorgeheizten Ofen bei 200 Grad für ca. 10 Minuten, oder bis der Käse geschmolzen und leicht gebräunt ist. Nimm deine Bowl aus dem Ofen und lass sie kurz abkühlen.

Kartoffelgratin-Bowl

Zubereitungszeit: 40 Minuten
Portionen: 1 Bowl

Zutaten:

- 2 mittelgroße Kartoffeln, gewaschen und in dünne Scheiben geschnitten
- 50 g geriebener Gouda oder Emmentaler
- 30 ml Sahne
- 1 kleine Zwiebel, fein gewürfelt
- 1 EL Butter
- 1 TL Senf
- 1 TL Dijon-Senf
- Salz und Pfeffer zum Abschmecken
- Frische Petersilie, fein gehackt
- 30 g geräucherter Speck, klein gewürfelt
- 50 ml Hühnerbrühe

Zubereitung:

1. Heize deinen Backofen auf 200 Grad vor.

2. In einer Pfanne brate die Speckwürfel knusprig an und stelle sie beiseite.

3. In derselben Pfanne füge die Butter hinzu und dünste die Zwiebeln, bis sie glasig sind.

4. In einer ofenfesten Schüssel mische die Kartoffelscheiben, die angebratenen Zwiebeln, Senf, Dijon-Senf, Salz und Pfeffer. Verteile die Mischung gleichmäßig in einer ofenfesten Schüssel oder kleinen Auflaufform.

5. Übergieße die Kartoffelmischung mit Sahne und Hühnerbrühe, streue den geriebenen Käse darüber und verteile die knusprigen Speckwürfel obendrauf.

6. Backe die Bowl im vorgeheizten Ofen für etwa 25 Minuten oder bis die Kartoffeln weich und der Käse goldbraun ist.

7. Nimm die Bowl aus dem Ofen und lass sie kurz abkühlen, dann garniere mit frischer Petersilie. Guten Appetit.

Zwiebelsuppe-Bowl

Zubereitungszeit: 30 Minuten
Portionen: 1 Bowl

Zutaten:

- 1 große Zwiebel, gewürfelt
- 2 EL natives Olivenöl extra
- 500 ml Gemüsebrühe
- 1 EL Tomatenmark
- 100 g Kichererbsen, gekocht
- 50 g frische Pilze, in Scheiben
- 1 EL Sojasauce
- 1 TL Paprikapulver, edelsüß
- 1 TL Kreuzkümmel, gemahlen
- 1 Frühlingszwiebel, in Ringe geschnitten
- Salz und Pfeffer nach Geschmack
- Frischer Koriander, gehackt
- 1 EL saure Sahne
- 1 Scheibe Brot, geröstet und gewürfelt

Zubereitung:

1. Zuerst erhitze das Olivenöl in einem Topf und füge die gewürfelte Zwiebel hinzu. Dünste die Zwiebel, bis sie weich und goldbraun ist.

2. Als nächstes füge das Tomatenmark hinzu und rühre es unter, lasse es kurz mitbraten.

3. Gib die Kichererbsen und die Pilzscheiben hinzu und rühre alles gut um.

4. Würze die Mischung mit Paprikapulver, Kreuzkümmel, Salz und Pfeffer. Lass alles kurz zusammen köcheln.

5. Dann gieße die Gemüsebrühe und die Sojasauce hinzu. Bring die Suppe zum Kochen und lasse sie bei mittlerer Hitze für etwa 15 Minuten köcheln.

6. In der Zwischenzeit röste das Brot und schneide es in Würfel.

7. Wenn die Suppe fertig ist, fülle sie in deine Bowl. Garniere deine Bowl mit den Frühlingszwiebelringen, dem frischen Koriander, den Brotwürfeln und einem Klecks saurer Sahne. Guten Appetit.

Fisch-Gratin-Bowl

Zubereitungszeit: 30 Minuten
Portionen: 1 Bowl

Zutaten:

- 150 g weißes Fischfilet (z.B. Seelachs), in Würfel geschnitten
- 150 g Brokkoli, in kleine Röschen geteilt
- 100 g Kartoffeln, geschält und gewürfelt
- 50 ml Sahne
- 30 g geriebener Käse (z.B. Emmentaler)
- 1 EL natives Olivenöl extra
- 1 TL Senf
- 1 TL gehackte Petersilie
- 1/2 TL Salz
- 1/4 TL Pfeffer
- 1/4 TL Muskat
- 1 kleine Zwiebel, fein gewürfelt
- 1 kleine Knoblauchzehe, fein gehackt

Zubereitung:

1. Setze einen Topf mit Wasser auf und koche die Kartoffelwürfel etwa 15 Minuten, bis sie weich sind. Gieße das Wasser ab und stelle die Kartoffeln beiseite. Heize deinen Ofen auf 200 Grad vor.

2. Während die Kartoffeln kochen, erhitze das Olivenöl in einer Pfanne und brate die Zwiebel und den Knoblauch, bis sie weich und goldbraun sind.

3. Gib die Fischwürfel dazu und brate sie leicht an, sodass sie auf jeder Seite eine leichte Bräunung bekommen. Du brauchst den Fisch nicht vollständig zu garen, da er später noch überbacken wird.

4. In einer kleinen Schüssel mische die Sahne mit dem Senf, Salz, Pfeffer und Muskat.

5. In der vorbereiteten Bowl verteile die gekochten Kartoffeln, die Brokkoliröschen und die angebratenen Fischstücke. Gieße die Sahne-Mischung über den Fisch und das Gemüse in der Bowl.

6. Bestreue alles mit dem geriebenen Käse und schiebe die Bowl in den vorgeheizten Ofen. Überbacke die Bowl für etwa 15 Minuten oder bis der Käse geschmolzen und goldbraun ist.

7. Zum Schluss mit der gehackten Petersilie bestreuen. Guten Appetit.

Wildreis-Pilz-Bowl

Zubereitungszeit: 25 Minuten
Portionen: 1 Bowl

Zutaten:

- 60 g Wildreis, gewaschen
- 100 g frische Champignons, geschnitten
- 1 EL natives Olivenöl extra
- 1 kleine Zwiebel, gewürfelt
- 1 TL frischer Thymian, gehackt
- 1 TL frischer Rosmarin, gehackt
- 50 g Baby Spinat, gewaschen
- 1 TL Dijon-Senf
- 2 EL Balsamico-Essig
- Salz und Pfeffer nach Geschmack
- 30 g Feta, zerbröselt
- 1 kleine Möhre, geraspelt

Zubereitung:

1. Koche den Wildreis nach Packungsanweisung.

2. Erhitze währenddessen das Olivenöl in einer Pfanne und dünste die Zwiebeln, bis sie glasig sind. Gib die geschnittenen Champignons dazu und brate sie, bis sie goldbraun und weich sind. Füge Thymian und Rosmarin hinzu und lasse die Kräuter kurz mitbraten.

3. In der Zwischenzeit kannst du in einer kleinen Schüssel den Dijon-Senf, den Balsamico-Essig, Salz und Pfeffer vermischen, um das Dressing herzustellen.

4. Wenn der Wildreis fertig ist, mische den Reis, die Pilzmischung, den Baby Spinat und das Dressing in einer großen Schüssel.

5. Richte deine Bowl an und garniere sie mit dem zerbröselten Feta und der geraspelten Möhre. Guten Appetit.

Spargel-Hollandaise-Bowl

Zubereitungszeit: 30 Minuten
Portionen: 1 Bowl

Zutaten:

- 200 g grüner Spargel, gewaschen und in Stücke geschnitten
- 1 EL natives Olivenöl extra
- 150 g gekochter Quinoa
- 75 g Cherrytomaten, halbiert
- 1 Handvoll Babyspinat, gewaschen
- 1 Bio-Ei
- 50 ml Sauce Hollandaise, fertig gekauft oder selbstgemacht
- Salz und Pfeffer
- 1 TL Bio-Zitronensaft
- 1 TL frisch gehackte Petersilie

Zubereitung:

1. Setze Wasser in einem Topf auf und koche das Ei circa 6–7 Minuten, sodass es wachsweich bleibt. Schrecke es anschließend kalt ab und pelle es.

2. Erhitze das Olivenöl in einer Pfanne und brate den Spargel 5–6 Minuten, bis er bissfest ist. Würze ihn mit Salz und Pfeffer.

3. Währenddessen kannst du die Cherrytomaten und den Babyspinat waschen und die Tomaten halbieren.

4. Vermische in deiner Bowl Quinoa, Spargel, Cherrytomaten, und Babyspinat.

5. Gib die Sauce Hollandaise und den Zitronensaft darüber und vermische alles gut miteinander.

6. Zum Schluss halbierst du das Ei und legst es oben auf die Bowl. Mit frisch gehackter Petersilie garnieren und nach Belieben mit Salz und Pfeffer würzen. Guten Appetit.

Rouladen-Bowl

Zubereitungszeit: 30 Minuten
Portionen: 1 Bowl

Zutaten:

- 1 Rinderroulade (ca. 150 g), in Streifen geschnitten
- 1 EL Senf
- 1 mittelgroße Zwiebel, fein gewürfelt
- 1 kleine Karotte, gewürfelt
- 1 kleine Paprika, gewürfelt
- 80 g Reis
- 200 ml Rinderbrühe
- 2 EL Sojasoße
- 1 TL Honig
- 2 EL natives Olivenöl extra
- Salz und Pfeffer zum Abschmecken
- Einige Blätter frischer Petersilie, gehackt
- 1 EL Saure Sahne

Zubereitung:

1. Koche den Reis nach Packungsanweisung.

2. Würze die Rinderrouladenstreifen mit Salz und Pfeffer und bestreiche sie leicht mit Senf.

3. Erhitze 1 EL Olivenöl in einer Pfanne und brate die Rouladenstreifen von beiden Seiten kurz an, bis sie braun sind. Nimm sie dann aus der Pfanne und lege sie beiseite.

4. Im gleichen Öl füge die gewürfelten Zwiebeln, Karotten und Paprika hinzu und dünste das Gemüse, bis es weich ist.

5. Gib die Rouladenstreifen zurück in die Pfanne und füge die Rinderbrühe, Sojasoße und Honig hinzu. Lasse das Ganze kurz aufkochen und dann bei niedriger Hitze für etwa 10 Minuten köcheln, bis die Rouladenstreifen weich sind.

6. Schmecke alles mit Salz und Pfeffer ab und füge bei Bedarf noch etwas Sojasoße oder Honig hinzu.

7. Gib den gekochten Reis in eine Bowl und lege die Rouladen-Gemüse-Mischung darauf.

8. Gib einen Klecks saure Sahne darauf und bestreue alles mit frischer Petersilie. Guten Appetit.

Coq au Vin-Bowl

Zubereitungszeit: 30 Minuten
Portionen: 1 Bowl

Zutaten:

- 150 g Hähnchenbrust, in Würfel geschnitten
- 100 ml Rotwein
- 100 ml Hühnerbrühe
- 1 Möhre, in dünne Scheiben geschnitten
- 1 kleine Zwiebel, gewürfelt
- 50 g frische Champignons, in Scheiben geschnitten
- 1 TL Speisestärke
- 2 EL natives Olivenöl extra
- 1 TL Thymian, getrocknet
- 1 TL Rosmarin, getrocknet
- Salz und Pfeffer
- 100 g Reis, gekocht
- Frischer Petersilie, gehackt

Zubereitung:

1. Erhitze 1 EL Olivenöl in einer Pfanne über mittlerer Hitze. Füge die Hähnchenwürfel hinzu, würze sie mit Salz und Pfeffer und brate sie, bis sie goldbraun und durchgegart sind. Nimm das Hähnchen aus der Pfanne und stelle es beiseite.

2. Im gleichen Öl brätst du die Zwiebeln an, bis sie weich und goldbraun sind. Füge dann die Möhren und Champignons hinzu und lass alles einige Minuten köcheln, bis das Gemüse weich ist.

3. In einem kleinen Becher mischst du die Speisestärke mit ein wenig Hühnerbrühe, um Klumpen zu vermeiden. Füge dann die restliche Brühe, den Rotwein, den Thymian und den Rosmarin hinzu und verrühre alles gut.

4. Gieße die Flüssigkeit über das Gemüse in der Pfanne, erhöhe die Hitze und bringe alles zum Kochen. Reduziere dann die Hitze und lass die Mischung etwa 10 Minuten köcheln, bis die Sauce eingedickt ist. Gib das angebratene Hähnchen zurück in die Pfanne und lass alles weitere 5 Minuten köcheln.

5. In der Zwischenzeit bereitest du den Reis nach Packungsanweisung zu. Gib den gekochten Reis in eine Schüssel und lege das Coq au Vin darauf. Garniere die Bowl mit frischem Petersilie. Guten Appetit.

Käse-Lauch-Suppe-Bowl

Zubereitungszeit: 20 Minuten
Portionen: 1 Bowl

Zutaten:

- 100 g Lauch, in dünne Ringe geschnitten
- 50 g Kartoffeln, gewürfelt
- 50 g geriebener Gouda
- 250 ml Gemüsebrühe
- 50 ml Sahne
- 1 EL natives Olivenöl extra
- 1 TL Senf
- Salz und Pfeffer nach Geschmack
- Frische Petersilie, gehackt
- 1 Scheibe Vollkornbrot, gewürfelt

Zubereitung:

1. Du beginnst, indem du die Kartoffelwürfel in einem Topf mit Salzwasser gar kochst, das dauert ungefähr 10 Minuten.

2. Während die Kartoffeln kochen, erhitzt du das Olivenöl in einer Pfanne und gibst den geschnittenen Lauch dazu. Dünste den Lauch, bis er weich und goldbraun ist.

3. Wenn die Kartoffeln gar sind, gießt du das Wasser ab und fügst die Kartoffeln zum Lauch in der Pfanne hinzu.

4. Gieße die Gemüsebrühe in den Topf und lass alles etwa 5 Minuten bei mittlerer Hitze köcheln.

5. Füge den geriebenen Gouda, die Sahne und den Senf hinzu. Rühre alles gut um, bis der Käse geschmolzen ist, und würze mit Salz und Pfeffer nach deinem Geschmack.

6. Während die Suppe köchelt, röstest du die Brotwürfel in einer separaten Pfanne ohne Öl, bis sie knusprig sind.

7. Zum Schluss gibst du die Suppe in deine Lieblingsbowl und garnierst sie mit den gerösteten Brotwürfeln und der frischen Petersilie. Guten Appetit.

Hackfleisch-Kartoffel-Bowl

Zubereitungszeit: 25 Minuten
Portionen: 1 Bowl

Zutaten:

- 200 g gemischtes Hackfleisch
- 150 g Kartoffeln, gewürfelt
- 1 EL natives Olivenöl extra
- 1 kleine Zwiebel, gewürfelt
- 1 Knoblauchzehe, fein gehackt
- 75 g Kirschtomaten, halbiert
- 50 g Mais aus der Dose, abgetropft
- 50 g Kidneybohnen aus der Dose, abgespült und abgetropft
- 1/2 TL Salz
- 1/4 TL Pfeffer
- 1/2 TL Paprikapulver, edelsüß
- 50 g Feta, gewürfelt
- 2 EL Joghurt
- 1 EL frischer Schnittlauch, gehackt
- 1/2 Bio-Zitrone, der Saft

Zubereitung:

1. Setze eine Pfanne bei mittlerer Hitze auf und gib das Olivenöl hinzu. Wenn es heiß ist, brate das Hackfleisch darin krümelig und braun an.

2. Während das Fleisch brät, kannst du die Kartoffelwürfel in einem Topf mit kochendem Wasser etwa 10 Minuten garen, bis sie weich sind. Dann abgießen und beiseite stellen.

3. Gib Zwiebel und Knoblauch zum Hackfleisch in die Pfanne und dünste sie mit, bis sie weich sind.

4. Nun füge die halbierten Kirschtomaten, Mais, und Kidneybohnen dazu, würze alles mit Salz, Pfeffer, und Paprikapulver und lasse es noch weitere 5 Minuten köcheln.

5. In der Zwischenzeit kannst du den Feta würfeln und den Schnittlauch hacken.

6. Verteile die Kartoffeln und die Hackfleischmischung in einer Bowl. Gib den gewürfelten Feta und den Schnittlauch darüber.

7. Garniere deine Bowl mit einem Löffel Joghurt und beträufle sie mit etwas Zitronensaft. Guten Appetit.

Süße Dessert-Bowls

Schokoladen-Mousse-Bowl

Zubereitungszeit: 15 Minuten
Portionen: 1 Bowl

Zutaten:

- 50 g Zartbitterschokolade (min. 70% Kakao), geschmolzen
- 1 EL Kakao
- 200 ml Schlagsahne
- 2 EL Zucker
- 1 TL Vanilleextrakt
- 1 Banane, in Scheiben geschnitten
- 1 EL Honig
- 1 Handvoll Beeren (z.B. Erdbeeren, Himbeeren), gewaschen
- 1 EL Granola
- Ein paar Minzblätter, gewaschen

Zubereitung:

1. Starte, indem du die Zartbitterschokolade im Wasserbad oder in der Mikrowelle schmilzt, sei dabei vorsichtig und rühre sie glatt.

2. In einer separaten Schüssel schlag die Schlagsahne zusammen mit dem Zucker und dem Vanilleextrakt auf, bis sie fest ist.

3. Mische nun den Kakao unter die geschmolzene Schokolade. Dann füge diese Schokoladenmischung vorsichtig zur Schlagsahne hinzu und hebe sie unter, bis alles gut vermischt ist. Achte darauf, dass du alles langsam und vorsichtig machst.

4. Nun gieße die Schokoladenmousse in eine Bowl.

5. Leg die Bananenscheiben und Beeren obendrauf. Gib ein wenig Honig darüber und streue das Granola darüber.

6. Für den letzten Schliff garniere deine Bowl mit ein paar frischen Minzblättern. Guten Appetit.

Vanille-Pudding-Bowl

Zubereitungszeit: 15 Minuten
Portionen: 1 Bowl

Zutaten:

- 200 ml Milch
- 1 EL Zucker
- 1 TL Vanilleextrakt
- 2 EL Speisestärke
- 1 Handvoll frische Beeren, gewaschen
- 1 Banane, in Scheiben geschnitten
- 2 EL Granola
- 1 EL Honig
- 2 EL Joghurt

Zubereitung:

1. Gib 150 ml Milch, Zucker und Vanilleextrakt in einen Topf und erhitze die Mischung bei mittlerer Hitze, bis sie heiß ist, aber nicht kocht.

2. In der Zwischenzeit verrühre die Speisestärke mit den verbleibenden 50 ml Milch in einer kleinen Schüssel, bis keine Klümpchen mehr vorhanden sind.

3. Wenn die Milch heiß ist, füge die Speisestärke-Milch-Mischung hinzu und rühre kontinuierlich, bis der Pudding eindickt. Das dauert etwa 3-5 Minuten.

4. Nimm den Pudding vom Herd und lasse ihn etwas abkühlen.

5. Während der Pudding abkühlt, bereite die Früchte vor. Schneide die Beeren nach Belieben und die Banane in Scheiben.

6. Wenn der Pudding abgekühlt ist, fülle ihn in deine Lieblingsbowl.

7. Verteile die Beeren, Bananenscheiben und das Granola gleichmäßig über den Pudding.

8. Gib einen Klecks Joghurt obendrauf und beträufle alles mit Honig. Guten Appetit.

Erdbeer-Sahne-Bowl

Zubereitungszeit: 15 Minuten
Portionen: 1 Bowl

Zutaten:

- 200 g Erdbeeren, gewaschen und halbiert
- 100 ml Schlagsahne
- 1 EL Zucker
- 1 TL Vanillezucker
- 50 g Granola
- 50 g Naturjoghurt
- 1 EL frische Minze, gewaschen und gehackt
- 1 EL Honig
- 1 EL Kokosflocken

Zubereitung:

1. Zuerst schlägst du die Sahne in einer Schüssel steif. Während des Schlagens gibst du langsam den Zucker und den Vanillezucker dazu, um eine süße und cremige Sahne zu erhalten.

2. Dann legst du einige Erdbeerhälften beiseite für die Dekoration und gibst den Rest in eine separate Schüssel. Hier fügst du den Honig hinzu und vermischst alles gut miteinander.

3. In deine Bowl gibst du als erste Schicht das Granola. Darüber verteilst du den Joghurt und drückst ihn leicht fest.

4. Die Erdbeermischung gibst du nun als nächste Schicht in die Bowl und verteilst sie gleichmäßig über dem Joghurt.

5. Jetzt verteilst du die geschlagene Sahne sorgfältig auf den Erdbeeren.

6. Zum Schluss garnierst du deine Bowl mit den beiseitegelegten Erdbeerhälften, den Kokosflocken und der frischen Minze. Guten Appetit.

Karamell-Brownie-Bowl

Zubereitungszeit: 20 Minuten
Portionen: 1 Bowl

Zutaten:

- 1 Brownie, kleingeschnitten
- 100 ml Karamellsauce, hausgemacht oder gekauft
- 100 ml Schlagsahne
- 50 g Frischkäse
- 20 g Zucker
- 1 TL Vanilleextrakt
- 1 EL Kakaopulver
- 50 g gemischte Beeren (gewaschen und halbiert, z.B. Erdbeeren, Heidelbeeren)
- 1 EL gehackte Nüsse (z.B. Haselnüsse oder Walnüsse)
- 1 Prise Salz

Zubereitung:

1. Starte mit dem Schneiden des Brownies in kleine Stücke und lege sie beiseite.

2. Rühre den Frischkäse, den Zucker, das Kakaopulver und den Vanilleextrakt zusammen in einer Schüssel glatt. Stelle sicher, dass keine Klumpen vorhanden sind.

3. Schlage die Schlagsahne in einer separaten Schüssel, bis sie fest wird, und hebe sie dann vorsichtig unter die Frischkäsemischung.

4. Wenn die Mischung gut vermischt ist, füge eine Prise Salz hinzu und rühre erneut um.

5. Stelle jetzt deine Bowl zusammen. Beginne mit einer Schicht Browniestückchen, gefolgt von der Frischkäse-Sahne-Mischung. Gieße etwas Karamellsauce darüber und wiederhole den Vorgang, bis alle Zutaten aufgebraucht sind.

6. Als letzten Schritt, garniere die Bowl mit den gemischten Beeren und den gehackten Nüssen. Guten Appetit.

Himbeer-Sorbet-Bowl

Zubereitungszeit: 15 Minuten
Portionen: 1 Bowl

Zutaten:

- 150 g frische Himbeeren
- 1 EL Zucker
- 1 TL Bio-Zitronensaft
- 100 ml Kokosmilch, unge-süßt
- 50 g Granola
- 1 EL gehackte Nüsse (z.B. Mandeln oder Haselnüsse)
- 1 EL Honig
- Eine Prise Salz
- Ein paar frische Minzblätter, gewaschen und gezupft
- 1 Kugel Vanilleeis (optional)

Zubereitung:

1. In einem Mixer die Himbeeren, den Zucker, den Zitronensaft und die Prise Salz geben und alles zu einem feinen Püree verarbeiten.
2. Dann die Kokosmilch hinzufügen und nochmal kurz mixen, bis eine gleichmäßige Masse entsteht.
3. Das Himbeer-Sorbet in eine Schüssel geben.
4. Das Granola und die gehackten Nüsse über das Sorbet streuen.
5. Falls du möchtest, kannst du jetzt noch eine Kugel Vanilleeis in die Mitte setzen.
6. Zum Schluss mit einem EL Honig beträufeln und ein paar Minzblätter als Dekoration obendrauf legen. Guten Appetit.

Zitronen-Käsekuchen-Bowl

Zubereitungszeit: 15 Minuten
Portionen: 1 Bowl

Zutaten:

- 100 g Frischkäse
- 50 ml Sahne
- 2 EL Puderzucker
- 1 TL Vanillezucker
- Abrieb einer Bio-Zitrone
- 1 EL Bio-Zitronensaft, frisch gepresst
- 2 EL Butterkekse, zerbröselt
- 1 EL frische Himbeeren
- 1 EL frische Blaubeeren
- Frische Minzeblättchen für die Dekoration
- 1 EL Honig

Zubereitung:

1. In einer Schüssel Frischkäse, Sahne, Puderzucker und Vanillezucker gut miteinander vermengen. Dafür kannst du einen Schneebesen oder eine Gabel verwenden.

2. Wenn die Mischung cremig und glatt ist, gib den Abrieb der Zitrone und den frisch gepressten Zitronensaft dazu. Vermische alles sorgfältig miteinander.

3. Die zerbröselten Butterkekse in eine separate Schüssel geben.

4. Dann die Frischkäsemischung über die Butterkeksbrösel geben.

5. Verteile die Himbeeren und die Blaubeeren obenauf.

6. Zum Schluss ein paar Minzeblättchen darauflegen und die Bowl mit einem Esslöffel Honig beträufeln. Guten Appetit.

Kokos-Mango-Bowl

Zubereitungszeit: 15 Minuten
Portionen: 1 Bowl

Zutaten:

- 1 reife Mango, geschält und in Würfel geschnitten
- 100 ml Kokosmilch, ungesüßt
- 50 g Kokosjoghurt, ungesüßt
- 30 g Granola
- 20 g Kokosraspeln, leicht geröstet
- 1 TL Honig
- 1 EL Bio-Limettensaft
- Frische Minzblätter, zur Dekoration
- Eine Prise Salz

Zubereitung:

1. Du beginnst damit, die Mango zu schälen und in kleine Würfel zu schneiden. Bewahre ein paar Würfel für die Dekoration auf.

2. Gib die Mango-Würfel in einen Mixer, füge die Kokosmilch und eine Prise Salz hinzu und püriere alles zu einer glatten Masse.

3. In der Zwischenzeit kannst du eine Pfanne erhitzen und die Kokosraspeln darin leicht rösten, bis sie goldbraun sind. Aber Vorsicht, sie verbrennen schnell!

4. Nun kannst du anfangen, deine Bowl zu gestalten. Gib zuerst den Kokosjoghurt in eine Schüssel und gieße dann die Mango-Kokos-Mischung darüber.

5. Streue das Granola und die gerösteten Kokosraspeln über die Bowl.

6. Beträufle das Ganze mit einem Löffel Honig und einem Spritzer Limettensaft. Die frischen Minzblätter und die aufbewahrten Mango-Würfel dienen als Dekoration. Guten Appetit.

Blaubeer-Pfannkuchen-Bowl

Zubereitungszeit: 25 Minuten
Portionen: 1 Bowl

Zutaten:

- 100 g Mehl
- 1 TL Backpulver
- 1 EL Zucker
- 1 Prise Salz
- 125 ml Milch
- 35 ml Mineralwasser
- 1 Bio-Ei
- 1 EL natives Olivenöl extra
- 75 g frische Blaubeeren, gewaschen
- 100 g Naturjoghurt
- 1 EL Honig
- 2 EL gehackte Nüsse (z.B. Mandeln oder Haselnüsse)
- 1 Banane, in Scheiben geschnitten
- 1 EL frische Minze, fein gehackt

Zubereitung:

1. Vermische in einer Schüssel Mehl, Backpulver, Zucker und eine Prise Salz.

2. Füge dann die Milch, Mineralwasser und das Ei hinzu und verrühre alles zu einem glatten Teig.

3. Erhitze eine Pfanne mit einem Esslöffel Olivenöl bei mittlerer Hitze.

4. Gib nach und nach kleine Portionen Teig in die Pfanne und lege einige Blaubeeren darauf. Brate die Pfannkuchen von beiden Seiten goldbraun.

5. Lege die fertigen Pfannkuchen in eine Bowl.

6. Gib den Naturjoghurt über die Pfannkuchen und beträufle alles mit Honig.

7. Füge die Bananenscheiben, die gehackten Nüsse und die frische Minze hinzu. Guten Appetit.

Apfelstrudel-Bowl

Zubereitungszeit: 15 Minuten
Portionen: 1 Bowl

Zutaten:

- 1 mittelgroßer Apfel, gewürfelt
- 50 g Haferflocken
- 200 ml Milch
- 1 TL Zimt
- 1 EL Honig
- 2 EL Naturjoghurt
- 30 g gehackte Nüsse (Walnüsse oder Haselnüsse)
- 1 Prise Salz
- 1 TL Butter
- 2 EL Rosinen

Zubereitung:

1. Beginne, indem du den Apfel wäscht, entkernst und in kleine Würfel schneidest.

2. Gib die Apfelwürfel mit der Butter in eine Pfanne und brate sie etwa 5 Minuten an, bis sie weich und goldbraun sind.

3. Während die Äpfel in der Pfanne sind, mische in einer Schüssel die Haferflocken, Milch, Zimt und eine Prise Salz. Lass das Ganze kurz quellen.

4. Wenn die Apfelwürfel schön gebräunt sind, füge den Honig hinzu und rühre um, sodass die Äpfel schön karamellisieren.

5. Füge nun die Haferflocken-Mischung zu den Äpfeln in die Pfanne und koche alles gemeinsam auf niedriger Hitze für etwa 5 Minuten, bis ein Brei entsteht.

6. Während der Brei kocht, kannst du die Nüsse grob hacken.

7. Ist der Brei fertig, gib ihn in eine Bowl und garniere ihn mit den gehackten Nüssen, Rosinen und dem Naturjoghurt. Guten Appetit.

Pfirsich-Crumble-Bowl

Zubereitungszeit: 20 Minuten
Portionen: 1 Bowl

Zutaten:

- 1 reife Pfirsich, gewürfelt
- 40 g Haferflocken
- 25 g kalte Butter, gewürfelt
- 20 g Zucker
- 1 TL Zimt
- 50 ml Vanillejoghurt
- 1 EL Honig
- 10 g gehackte Mandeln
- Ein Spritzer Bio-Zitronensaft

Zubereitung:

1. Heize deinen Ofen auf 180 Grad vor.

2. Mische die Haferflocken, die Butter, den Zucker und den Zimt in einer Schüssel mit den Händen, bis ein krümeliger Teig entsteht.

3. Lege die gewürfelten Pfirsiche in eine kleine ofenfeste Schale und beträufele sie mit etwas Zitronensaft.

4. Verteile die Krümel gleichmäßig über den Pfirsichen und backe alles für etwa 15 Minuten oder bis die Krümel goldbraun sind.

5. Während der Crumble im Ofen ist, röste die gehackten Mandeln in einer Pfanne ohne Öl, bis sie goldbraun sind und duften. Achte darauf, dass sie nicht verbrennen!

6. Wenn der Crumble fertig ist, lass ihn kurz abkühlen.

7. Gib den Vanillejoghurt in eine Bowl, verteile den Crumble darüber und garniere mit den gerösteten Mandeln und einem Löffel Honig. Guten Appetit.

Mohn-Zitronen-Bowl

Zubereitungszeit: 15 Minuten
Portionen: 1 Bowl

Zutaten:

- 50 g Mohn, gemahlen
- 1 Bio-Zitrone, gepresst und abgerieben
- 200 ml Naturjoghurt
- 30 g Honig
- 30 g Granola
- 10 g Kokosflocken
- 100 g Beeren (Erdbeeren, Himbeeren, Blaubeeren), gewaschen und geschnitten
- 5 g frische Minze, gewaschen und gehackt
- Eine Prise Salz

Zubereitung:

1. Zu Beginn bereitest du den Zitronensaft und die Zitronenschale vor. Die Zitrone auspressen und die Schale abreiben. Achte darauf, nur die gelbe Schale zu verwenden, da das Weiße bitter schmeckt.

2. In einer kleinen Schüssel mischst du den Mohn, den frisch gepressten Zitronensaft, und die abgeriebene Zitronenschale zusammen. Lass diese Mischung etwa 5 Minuten ziehen.

3. Währenddessen kannst du den Naturjoghurt mit dem Honig und einer Prise Salz in einer separaten Schüssel vermengen. Rühre die Mischung gut durch, bis der Honig vollständig aufgelöst ist.

4. Nun gibst du die Mohn-Zitronen-Mischung zu dem Joghurt dazu und vermengst alles gut miteinander.

5. Als nächstes schichtest du das Granola in deine Bowl, gefolgt von der Mohn-Zitronen-Joghurt-Mischung.

6. Nun verteilst du die vorbereiteten Beeren und die Kokosflocken darüber.

7. Zum Schluss dekorierst du deine Bowl mit der frisch gehackten Minze. Guten Appetit.

Tiramisu-Bowl

Zubereitungszeit: 15 Minuten
Portionen: 1 Bowl

Zutaten:

- 50 g Löffelbiskuits, zerbröselt
- 1 TL Instant-Kaffee, aufgelöst in 50 ml heißem Wasser
- 100 g Mascarpone
- 2 EL Puderzucker
- 1 EL Kakao
- 1 EL dunkle Schokoladenraspeln
- 50 ml Schlagsahne, geschlagen
- Frische Erdbeeren, gewaschen und halbiert

Zubereitung:

1. Beginne damit, den Instant-Kaffee in heißem Wasser aufzulösen und lass ihn ein wenig abkühlen.

2. Während der Kaffee abkühlt, vermische den Mascarpone mit dem Puderzucker in einer Schüssel, bis eine glatte Masse entsteht.

3. Lege einige Löffelbiskuitbrösel auf den Boden deiner Bowl.

4. Befeuchte die Löffelbiskuits mit der Hälfte des abgekühlten Kaffees.

5. Gib die Mascarpone-Mischung über die befeuchteten Löffelbiskuits.

6. Verteile nun den Kakao gleichmäßig über die Mascarpone-Mischung.

7. Setze ein paar Erdbeerhälften an den Rand der Bowl.

8. Gib die restlichen Löffelbiskuitbrösel und den restlichen Kaffee darüber.

9. Garniere die Bowl mit den dunklen Schokoladenraspeln.

10. Zum Schluss füge die geschlagene Sahne hinzu und dekoriere nach Belieben mit ein paar Erdbeeren. Guten Appetit.

Vegane Ernährung

Vorwort

Liebe Leserin, lieber Leser,

in einer Welt, in der der Fleischkonsum und die Umweltauswirkungen unserer Ernährung immer stärker in den Fokus rücken, gewinnt die vegane Ernährung zunehmend an Bedeutung. Dieses Kochbuch wurde entwickelt, um dir bei der Umstellung auf eine vegane Ernährung zu helfen. Diese Ernährungsform hat sich für viele als positiv und nachhaltig erwiesen, sei es aus ethischen Gründen, zur Verringerung des ökologischen Fußabdrucks oder einfach zur Steigerung des allgemeinen Wohlbefindens.

Das Buch bietet eine Vielzahl von Rezepten, die ganz ohne tierische Produkte auskommen und sich durch eine einfache Zubereitung auszeichnen. Ein weiterer Pluspunkt: Bei der veganen Ernährung muss nicht auf Genuss verzichtet werden. Tatsächlich können sich Geschmack und Gesundheit hervorragend ergänzen.

Es wird immer deutlicher, dass Ernährung mehr ist als nur „Treibstoff" für den Körper. Sie ist ein wesentlicher Bestandteil eines gesunden Lebensstils und kann weitreichende Auswirkungen auf unser Wohlgefühl haben. Mit den Rezepten in diesem Buch möchte ich dir den Einstieg in eine oder die Weiterführung einer veganen Ernährung so einfach und schmackhaft wie möglich gestalten.

Ich hoffe, dass dieses Buch dir zeigt, dass gesundes Essen nicht langweilig sein muss, sondern voller Geschmack und Genuss stecken kann. Viel Freude beim Experimentieren in der Küche!

Salate

Rucola-Salat mit Walnüssen und Datteln

Zubereitungszeit: 15 Minuten
Portionen: 1 Person

Zutaten:

- 60 g Rucola, gewaschen und trocken getupft
- 5 Walnüsse, grob gehackt
- 3 Datteln, entsteint und in Streifen geschnitten
- 1 EL natives Olivenöl extra
- 1 TL Bio-Zitronensaft, frisch gepresst
- 1 Prise Salz
- 1 Prise schwarzer Pfeffer
- 10 g Pinienkerne
- 1 kleine rote Zwiebel, in dünne Ringe geschnitten

Zubereitung:

1. In einer kleinen Pfanne die Pinienkerne ohne Öl bei mittlerer Hitze rösten, bis sie leicht goldbraun sind. Dabei öfters umrühren, um ein Anbrennen zu vermeiden. Dann zur Seite stellen und abkühlen lassen.

2. In einer Salatschüssel das Olivenöl mit dem Zitronensaft, Salz und Pfeffer verquirlen.

3. Den Rucola, die Walnussstücke, Dattelstreifen und Zwiebelringe hinzufügen und alles gut vermischen.

4. Den Salat auf einem Teller anrichten und die gerösteten Pinienkerne darüberstreuen. Guten Appetit.

Couscous-Salat mit Granatapfelkernen

Zubereitungszeit: 15 Minuten
Portionen: 1 Person

Zutaten:

- 50 g Couscous
- 150 ml Wasser
- 1 Prise Salz
- 2 EL natives Olivenöl extra
- 1 Granatapfel (nur die Kerne)
- 1 Frühlingszwiebel, fein geschnitten
- 1 EL frischer Bio-Zitronensaft
- 1 EL frisch gehackte Minze
- 1 EL frisch gehackte Petersilie
- Salz und Pfeffer zum Abschmecken

Zubereitung:

1. In einem kleinen Topf das Wasser zum Kochen bringen. Eine Prise Salz hinzufügen. Den Couscous hineingeben und den Topf vom Herd nehmen. Mit einem Deckel abdecken und etwa 5 Minuten quellen lassen, bis das Wasser vollständig absorbiert ist.

2. Den gequollenen Couscous mit einer Gabel auflockern und in eine Salatschüssel geben.

3. Olivenöl, Zitronensaft, Granatapfelkerne, Frühlingszwiebeln, Minze und Petersilie zum Couscous hinzufügen. Alles gut vermischen, bis alle Zutaten gleichmäßig verteilt sind.

4. Mit Salz und Pfeffer nach Geschmack würzen und erneut gut vermischen.

5. Den Salat auf einen Teller geben. Guten Appetit.

Quinoa-Salat

Zubereitungszeit: 20 Minuten
Portionen: 1 Person

Zutaten:

- 50 g Quinoa, gut gespült und abgetropft
- 1 kleine Gurke, gewaschen und in kleine Würfel geschnitten
- 10 frische Minzblätter, fein gehackt
- 5 Cherrytomaten, halbiert
- 1 EL natives Olivenöl extra
- 1 TL Bio-Zitronensaft
- Salz und Pfeffer nach Geschmack
- 1 EL gehackte Petersilie
- 1 EL gehackte Walnüsse

Zubereitung:

1. In einem kleinen Topf 250 ml Wasser zum Kochen bringen. Quinoa hinzugeben und auf niedriger Flamme 15 Minuten köcheln lassen, bis die Körner weich sind und das Wasser aufgesogen wurde.

2. Quinoa vom Herd nehmen und in einer Schüssel abkühlen lassen.

3. Während der Quinoa abkühlt, in einer anderen Schüssel Gurke, Minzblätter und Cherrytomaten mischen.

4. Für das Dressing Olivenöl, Zitronensaft, Salz und Pfeffer in einer kleinen Schüssel vermischen.

5. Das Dressing über die Gemüsemischung geben und gut vermengen.

6. Den abgekühlten Quinoa hinzufügen und alles gut vermischen.

7. Mit Petersilie und gehackten Walnüssen bestreuen.

8. Den Salat in eine Schüssel geben. Guten Appetit.

Belugalinsensalat mit Mango

Zubereitungszeit: 20 Minuten
Portionen: 1 Person

Zutaten:

- 50 g Belugalinsen, gewaschen und abgetropft
- 1 reife Mango, geschält und in Würfel geschnitten
- 1 Frühlingszwiebel, fein gehackt
- 1 EL natives Olivenöl extra
- 1 TL Bio-Limettensaft
- Eine Prise Salz
- Eine Prise Pfeffer
- Einige frische Minzblätter, fein gehackt
- 1 EL gehackte Petersilie
- 1 EL geröstete Sonnenblumenkerne

Zubereitung:

1. In einem mittelgroßen Topf Wasser zum Kochen bringen. Die Belugalinsen hinzufügen und bei mittlerer Hitze 15-20 Minuten kochen, bis sie weich, aber noch bissfest sind. Danach abgießen und abkühlen lassen.

2. In einer Schüssel die Mango, die Frühlingszwiebel, die Minze und die Petersilie vermengen.

3. Für das Dressing das Olivenöl, den Limettensaft, Salz und Pfeffer in einer kleinen Schüssel verquirlen. Das Dressing über den Salat gießen und gut vermischen.

4. Den Salat auf einen Teller geben und mit den gerösteten Sonnenblumenkernen bestreuen. Guten Appetit.

Spitzkohlsalat mit Apfel und Zitrone

Zubereitungszeit: 10 Minuten
Portionen: 1 Person

Zutaten:

- 150 g Spitzkohl, fein geschnitten
- 1 Apfel, gewürfelt
- Saft einer halben Bio-Zitrone
- 1 EL natives Olivenöl extra
- 1 TL Ahornsirup oder Agavendicksaft
- Eine Prise Salz
- Eine Prise Pfeffer
- 1 EL gehackte Walnüsse
- 2 EL frische Petersilie, gehackt

Zubereitung:

1. In einer großen Schüssel den fein geschnittenen Spitzkohl mit den Apfelwürfeln vermengen.

2. In einer kleinen Schale den Zitronensaft, Olivenöl, Ahornsirup, Salz und Pfeffer vermischen, bis sich alles gut vermischt hat. Dieses Dressing über den Kohl und Apfel gießen.

3. Alles gut miteinander vermischen, sodass der Salat gleichmäßig mit dem Dressing bedeckt ist.

4. Die gehackten Walnüsse und die Petersilie darüberstreuen und nochmals gut durchmischen.

5. Den Salat auf einem Teller anrichten. Guten Appetit.

Bunter Paprikasalat

Zubereitungszeit: 20 Minuten
Portionen: 1 Person

Zutaten:

- 1 rote Paprika, gewürfelt
- 1 gelbe Paprika, gewürfelt
- 1 grüne Paprika, gewürfelt
- 2 EL frischer Koriander, fein gehackt
- 1 Frühlingszwiebel, in feine Ringe geschnitten
- 2 EL Bio-Limettensaft
- 1 EL natives Olivenöl extra
- 1/2 TL Chiliflocken
- 1 TL Agavensirup
- Salz und Pfeffer nach Geschmack

Zubereitung:

1. Nimm eine mittelgroße Schüssel zur Hand und füge die gewürfelten Paprika und die geschnittenen Frühlingszwiebeln hinzu.

2. In einer kleinen Schüssel vermischst du den Limettensaft, Olivenöl, Chiliflocken und Agavensirup, bis alles gut vermischt ist. Schmecke mit Salz und Pfeffer ab.

3. Gieße das Dressing über die Paprika in der Schüssel und mische alles gut durch.

4. Streue den frisch gehackten Koriander über den Salat und vermische alles erneut, sodass der Koriander gut verteilt ist.

5. Gib den Salat in eine Schüssel oder auf einen Teller. Guten Appetit.

Spinatsalat mit Erdbeeren und Balsamico

Zubereitungszeit: 15 Minuten
Portionen: 1 Person

Zutaten:

- 100 g frischer Spinat, gewaschen und getrocknet
- 5-6 Erdbeeren, gewaschen und in Scheiben geschnitten
- 2 EL Balsamico-Essig
- 1 EL natives Olivenöl extra
- 1 TL Ahornsirup
- 1 EL Sonnenblumenkerne, geröstet
- 1 Prise Meersalz
- 1 Prise frisch gemahlener schwarzer Pfeffer

Zubereitung:

1. In einer großen Schüssel gibst du den frischen Spinat und die in Scheiben geschnittenen Erdbeeren hinein.

2. In einer kleinen Schüssel verrührst du das Balsamico-Essig, das Olivenöl und den Ahornsirup miteinander, bis eine homogene Mischung entsteht.

3. Gib die vorbereitete Balsamico-Mischung über den Spinat und die Erdbeeren. Vermenge alles sorgfältig miteinander, sodass der Salat gut mit dem Dressing bedeckt ist.

4. Streue die gerösteten Sonnenblumenkerne über den Salat und würze ihn mit einer Prise Meersalz und frisch gemahlenem schwarzen Pfeffer.

5. Gib den Salat in eine Schale oder auf einen Teller. Guten Appetit.

Rote Beete-Salat

Zubereitungszeit: 20 Minuten
Portionen: 1 Person

Zutaten:

- 1 mittelgroße Rote Beete, gekocht und in Würfel geschnitten
- 1 reife Avocado, entkernt und in Würfel geschnitten
- 50 g Blattspinat, gewaschen
- 2 EL natives Olivenöl extra
- 1 EL Apfelessig
- 1 TL Senf
- 1 kleine rote Zwiebel, fein gewürfelt
- 1 EL frisch gehackte Petersilie
- Salz und Pfeffer nach Geschmack

Zubereitung:

1. In einer großen Schüssel die Rote Beete, Avocado und Blattspinat miteinander vermengen.

2. In einer kleinen Schüssel Olivenöl, Apfelessig, Senf und etwas Salz und Pfeffer zu einem Dressing verrühren.

3. Das Dressing über den Salat geben und gut durchmischen, damit alle Zutaten gut mit dem Dressing bedeckt sind.

4. Den Salat auf einen Teller geben, mit der fein gewürfelten roten Zwiebel und der frisch gehackten Petersilie bestreuen.

5. Nach Belieben noch mit etwas Salz und Pfeffer abschmecken. Guten Appetit.

Kichererbsensalat mit Tomate und Basilikum

Zubereitungszeit: 15 Minuten
Portionen: 1 Person

Zutaten:

- 100 g Kichererbsen, abgetropft
- 1 große Tomate, gewürfelt
- 5 Basilikumblätter, frisch und fein gehackt
- 1 kleine rote Zwiebel, fein gewürfelt
- 1 EL natives Olivenöl extra
- 1 TL Bio-Zitronensaft
- 1 TL Senf
- Salz und Pfeffer nach Geschmack
- 1 Handvoll Rucola, gewaschen und grob gehackt

Zubereitung:

1. In einer Schüssel Kichererbsen, Tomatenwürfel, fein gewürfelte Zwiebel und gehackten Basilikum miteinander vermengen.

2. In einer kleinen Schale Olivenöl, Zitronensaft und Senf zu einem Dressing vermischen. Mit Salz und Pfeffer abschmecken.

3. Das Dressing über die Kichererbsenmischung geben und alles gut vermischen.

4. Den Rucola unter den Salat heben und alles nochmals gut vermengen.

5. Den Salat auf einen Teller geben. Guten Appetit.

Grünkohlsalat mit Tahini-Dressing

Zubereitungszeit: 15 Minuten
Portionen: 1 Person

Zutaten:

- 50 g Grünkohl, gewaschen und in mundgerechte Stücke gezupft
- 10 g Sonnenblumenkerne, geröstet
- 1 kleine Karotte, fein gerieben
- 1 Frühlingszwiebel, in dünne Ringe geschnitten
- 10 g Granatapfelkerne
- 3 EL natives Olivenöl extra
- 1 EL Tahini (Sesampaste)
- 1 TL Bio-Zitronensaft
- 1 TL Agavendicksaft oder Ahornsirup
- Salz und Pfeffer nach Geschmack

Zubereitung:

1. Nimm eine große Schüssel und füge den Grünkohl, die geriebene Karotte, die Frühlingszwiebelringe, die Sonnenblumenkerne und die Granatapfelkerne hinzu.

2. In einer kleineren Schüssel mischst du das Tahini, Olivenöl, Zitronensaft, Agavendicksaft sowie Salz und Pfeffer. Rühre alles gut um, bis du ein glattes Dressing erhältst.

3. Gib das Tahini-Dressing über den Grünkohlsalat und vermische alles gut miteinander, sodass der Salat gleichmäßig mit dem Dressing bedeckt ist.

4. Lass den Salat etwa 5 Minuten ziehen, damit der Grünkohl etwas weicher wird.

5. Gib den Salat in eine Schüssel und streue, falls gewünscht, noch ein paar zusätzliche Sonnenblumenkerne und Granatapfelkerne darüber. Guten Appetit.

Gurkensalat

Zubereitungszeit: 10 Minuten
Portionen: 1 Person

Zutaten:

- 1 mittelgroße Gurke, gewaschen und in dünne Scheiben geschnitten
- 1 EL frischer Dill, fein gehackt
- Saft einer halben Bio-Zitrone
- 1 EL natives Olivenöl extra
- 1 kleine rote Zwiebel, fein gewürfelt
- 1 TL Chiasamen
- Eine Prise Salz
- Eine Prise frisch gemahlener schwarzer Pfeffer

Zubereitung:

1. In einer Schüssel fügst du die dünn geschnittenen Gurkenscheiben und die gewürfelte rote Zwiebel hinzu.

2. In einer kleinen Schale vermischst du den Zitronensaft mit dem Olivenöl, Salz und Pfeffer. Diese Mischung wird dein Dressing.

3. Gib das Dressing über die Gurken und Zwiebeln in der Schüssel und mische alles gut durch, sodass alle Zutaten gut miteinander vermengt sind.

4. Streue den frischen Dill und die Chiasamen über den Salat und vermische nochmals sanft.

5. Schmecke den Salat vor dem Servieren noch einmal ab und passe Salz und Pfeffer nach Bedarf an.

6. Gib den Salat in eine Schale oder auf einen Teller. Guten Appetit.

Rote Linsen-Salat mit Karotten und Ingwer

Zubereitungszeit: 20 Minuten
Portionen: 1 Person

Zutaten:

- 50 g rote Linsen, gewaschen und abgetropft
- 1 mittelgroße Karotte, fein gerieben
- 2 cm frischer Ingwer, fein gehackt
- 1 Frühlingszwiebel, in feine Ringe geschnitten
- 1 EL natives Olivenöl extra
- 1 TL Apfelessig
- Salz und Pfeffer nach Geschmack
- Einige frische Korianderblätter, grob gehackt

Zubereitung:

1. Koche die roten Linsen in einem Topf mit ausreichend Wasser für etwa 10-12 Minuten oder bis sie weich sind, aber noch Biss haben. Gieße sie anschließend ab und lasse sie etwas abkühlen.

2. In einer großen Schüssel vermischst du die abgekühlten Linsen, geriebene Karotte, gehackten Ingwer und die geschnittene Frühlingszwiebel.

3. In einer kleinen Schüssel vermischt du das Olivenöl mit dem Apfelessig und gibst Salz und Pfeffer hinzu. Rühre die Mischung gut um, bis sie sich gut vermischt hat.

4. Gib das Dressing über den Linsensalat und vermische alles gut miteinander. Abschließend streust du den gehackten Koriander darüber.

5. Den Salat auf einem Teller anrichten. Guten Appetit.

Feldsalat mit gebratenen Pilzen

Zubereitungszeit: 15 Minuten
Portionen: 1 Person

Zutaten:

- 50 g Feldsalat, gewaschen und getrocknet
- 80 g gemischte frische Pilze (z.B. Champignons und Shiitake), in Scheiben geschnitten
- 1 EL natives Olivenöl extra
- 1 TL Sesamöl
- 1 TL Sojasauce
- 1 kleine Schalotte, fein gewürfelt
- 1 TL frischer Bio-Zitronensaft
- 1 TL Ahornsirup
- Salz und Pfeffer zum Abschmecken
- 1 TL geröstete Sesamkörner
- 1 Frühlingszwiebel, in feine Ringe geschnitten

Zubereitung:

1. Erhitze das Olivenöl in einer Pfanne über mittlerer Hitze. Füge die Schalottenwürfel hinzu und dünste sie, bis sie weich und goldbraun sind.

2. Gib die Pilzscheiben dazu und brate sie, bis sie leicht goldbraun und weich sind. Mit der Sojasauce ablöschen und kurz köcheln lassen, bis die Flüssigkeit fast verdampft ist.

3. In einer kleinen Schüssel Sesamöl, Zitronensaft und Ahornsirup verrühren. Mit Salz und Pfeffer abschmecken.

4. Den Feldsalat auf einem Teller verteilen. Die gebratenen Pilze darübergeben. Das Dressing darüber träufeln.

5. Mit Frühlingszwiebelringen und gerösteten Sesamkörnern garnieren. Guten Appetit.

Süßkartoffelsalat

Zubereitungszeit: 20 Minuten
Portionen: 1 Person

Zutaten:

- 1 mittelgroße Süßkartoffel, gewürfelt
- 2 EL natives Olivenöl extra
- 1 Frühlingszwiebel, in feine Ringe geschnitten
- 1 Handvoll Rucola, gewaschen und grob gehackt
- 10 Cherrytomaten, halbiert
- 1 TL schwarze Sesamsamen
- Saft von 1 Bio-Limette
- 1 EL natives Olivenöl extra
- 1 TL Agavensirup
- Eine Prise Salz und Pfeffer

Zubereitung:

1. In einer Pfanne das Olivenöl erhitzen. Die gewürfelten Süßkartoffeln darin für etwa 10-12 Minuten goldbraun braten, bis sie weich sind. Gelegentlich umrühren, um ein gleichmäßiges Anbraten zu gewährleisten.

2. Während die Süßkartoffeln braten, kannst du das Dressing zubereiten. Dazu den Limettensaft, Olivenöl, Agavensirup, Salz und Pfeffer in einer kleinen Schüssel vermischen und gut verrühren, bis alles gut vermischt ist.

3. Die gebratenen Süßkartoffelwürfel in eine Salatschüssel geben. Rucola, Frühlingszwiebeln und Cherrytomaten hinzufügen.

4. Das vorbereitete Limettendressing über den Salat gießen und alles gut vermischen.

5. Den Salat mit schwarzen Sesamsamen bestreuen. Guten Appetit.

Hauptgerichte

Linsencurry mit Kokosmilch

Zubereitungszeit: 20 Minuten
Portionen: 1 Person

Zutaten:

- 100 g rote Linsen, gewaschen und abgetropft
- 250 ml Kokosmilch, ungesüßt
- 1 EL Kokosöl
- 1 kleine Zwiebel, fein gewürfelt
- 1 TL Currypulver
- 1/2 TL Kurkuma
- 1/2 TL Kreuzkümmel
- 1/4 TL Cayennepfeffer
- Salz und Pfeffer nach Geschmack
- Frischer Koriander, grob gehackt
- 1 Frühlingszwiebel, in feine Ringe geschnitten
- 1 kleine Tomate, gewürfelt

Zubereitung:

1. Erhitze das Kokosöl in einer Pfanne auf mittlerer Stufe. Gib die gewürfelte Zwiebel hinzu und brate sie an, bis sie goldbraun ist.

2. Füge Currypulver, Kurkuma, Kreuzkümmel und Cayennepfeffer hinzu. Rühre alles gut um.

3. Gib die Linsen in die Pfanne und mische sie gut mit den Gewürzen.

4. Gieße die Kokosmilch dazu und bringe alles zum Köcheln. Reduziere die Hitze und lasse das Curry etwa 15 Minuten köcheln, bis die Linsen weich sind. Wenn die Mischung zu dick wird, kannst du etwas Wasser hinzufügen.

5. Würze das Curry mit Salz und Pfeffer und rühre gut um.

6. Gib das Linsencurry in eine Schale und garniere es mit frischem Koriander, Frühlingszwiebeln und Tomatenwürfeln. Guten Appetit.

Auberginenschiffchen mit Bulgurfüllung

Zubereitungszeit: 30 Minuten
Portionen: 1 Person

Zutaten:

- 1 mittelgroße Aubergine, halbiert und ausgehöhlt
- 50 g Bulgur, gewaschen
- 100 ml Gemüsebrühe
- 1 kleine rote Zwiebel, gewürfelt
- 1 EL natives Olivenöl extra
- 1 kleine Tomate, gewürfelt
- 1 TL Kreuzkümmel
- 1 TL Paprikapulver, edelsüß
- Salz und Pfeffer nach Geschmack
- 1 EL frischer Koriander, gehackt
- 1 TL Bio-Zitronensaft

Zubereitung:

1. Die Auberginenhälften mit einem Löffel vorsichtig aushöhlen, sodass ein Rand von etwa 1 cm Dicke bleibt. Das herausgenommene Fruchtfleisch beiseitelegen.

2. In einem kleinen Topf die Gemüsebrühe zum Kochen bringen und den Bulgur hinzufügen. Bei mittlerer Hitze kochen lassen, bis der Bulgur weich ist und die Flüssigkeit absorbiert wurde. Dann vom Herd nehmen.

3. In einer Pfanne das Olivenöl erhitzen und die gewürfelte Zwiebel darin glasig anbraten. Das beiseitegelegte Auberginenfruchtfleisch und die gewürfelte Tomate hinzufügen. Alles zusammen einige Minuten anbraten.

4. Kreuzkümmel und Paprikapulver einrühren und mit Salz und Pfeffer abschmecken. Die Pfannenmischung zum gekochten Bulgur geben und gut vermischen.

5. Das Auberginenschiffchen mit der Bulgurmischung füllen. In einer Auflaufform bei 180 Grad im vorgeheizten Ofen etwa 20 Minuten backen, bis die Aubergine weich und die Füllung leicht gebräunt ist.

6. Zum Schluss mit frischem Koriander bestreuen und mit Zitronensaft beträufeln. Guten Appetit.

Spaghetti mit Tomaten-Basilikum-Soße

Zubereitungszeit: 20 Minuten
Portionen: 1 Person

Zutaten:

- 80 g Spaghetti
- 200 g Kirschtomaten, halbiert
- 3 EL natives Olivenöl extra
- 2 Knoblauchzehen, fein gehackt
- Eine Prise Chiliflocken (oder nach Geschmack)
- 1 TL Zucker
- Salz und Pfeffer zum Abschmecken
- Ein Bund frischer Basilikum, grob gehackt

Zubereitung:

1. In einem großen Topf Wasser zum Kochen bringen, eine Prise Salz hinzufügen und die Spaghetti nach Packungsanweisung kochen. Anschließend abgießen und beiseite stellen.

2. In einer Pfanne das Olivenöl erhitzen. Den gehackten Knoblauch darin anbraten, bis er duftet, aber nicht braun wird.

3. Die halbierten Kirschtomaten hinzufügen und bei mittlerer Hitze 5-7 Minuten kochen lassen, bis sie weich werden und beginnen, ihren Saft freizusetzen.

4. Zucker, Chiliflocken, Salz und Pfeffer hinzufügen und gut umrühren. Lass alles weitere 3 Minuten köcheln.

5. Den grob gehackten Basilikum in die Pfanne geben und unterrühren, bis er etwas zusammenfällt und seinen Duft freisetzt.

6. Nun die gekochten Spaghetti zur Soße in die Pfanne geben und alles gut miteinander vermengen, damit die Spaghetti gleichmäßig mit der Soße überzogen sind.

7. Auf einen Teller geben, eventuell mit etwas zusätzlichem frischen Basilikum garnieren. Guten Appetit.

Zucchini-Nudeln mit Avocado-Pesto

Zubereitungszeit: 20 Minuten
Portionen: 1 Person

Zutaten:

- 1 mittelgroße Zucchini, gewaschen und in dünne Streifen geschnitten
- 1 reife Avocado, halbiert und entkernt
- 2 EL frisches Basilikum, grob gehackt
- 1 EL Pinienkerne, geröstet
- 1 TL Bio-Zitronensaft
- 1 Knoblauchzehe, geschält und gehackt
- 2 EL natives Olivenöl extra
- Salz und Pfeffer nach Geschmack

Zubereitung:

1. Beginne damit, die Zucchini zu Nudeln zu verarbeiten. Verwende hierfür entweder ein spezielles Küchengerät oder schneide sie einfach in möglichst dünne, lange Streifen. Sie sollten das Aussehen von Nudeln haben. Stelle sie beiseite.

2. Für das Avocado-Pesto nimmst du das Fruchtfleisch der Avocado und gibst es zusammen mit dem Basilikum, den Pinienkernen, dem Zitronensaft, dem gehackten Knoblauch, Olivenöl, Salz und Pfeffer in einen Mixer oder eine Küchenmaschine. Mixe alles zu einer cremigen Masse.

3. Erhitze eine Pfanne über mittlerer Hitze. Gib die Zucchini-Nudeln hinein und brate sie für 2-3 Minuten an, bis sie leicht erwärmt sind, aber noch Biss haben. Gib das Avocado-Pesto hinzu und vermische alles gut, bis die Nudeln schön mit dem Pesto bedeckt sind.

4. Richte es auf einem Teller an und bestreue es eventuell noch mit einigen gerösteten Pinienkernen. Guten Appetit.

Kartoffelpfanne mit Spinat und Pilzen

Zubereitungszeit: 20 Minuten
Portionen: 1 Person

Zutaten:

- 2 mittelgroße Kartoffeln, gewaschen und in Würfel geschnitten
- 100 g frische Champignons, in Scheiben geschnitten
- 75 g frischer Spinat, gewaschen und grob gehackt
- 1 kleine Zwiebel, gewürfelt
- 1 TL natives Olivenöl extra
- 1/2 TL Salz
- 1/4 TL Pfeffer
- 1/4 TL Paprikapulver, edelsüß
- 1 TL frische Petersilie, fein gehackt
- 1 EL Hefeflocken
- 1 EL Sonnenblumenkerne, geröstet

Zubereitung:

1. Erhitze das Olivenöl in einer Pfanne auf mittlerer Hitze und füge die gewürfelte Zwiebel hinzu. Dünste sie, bis sie goldbraun ist.

2. Füge die Kartoffelwürfel hinzu und brate sie an, bis sie leicht gebräunt und fast durchgegart sind, etwa 7-8 Minuten.

3. Mische nun die Champignonscheiben unter und brate alles gemeinsam weitere 5 Minuten, bis die Pilze saftig und goldbraun sind.

4. Gib den grob gehackten Spinat hinzu und würze alles mit Salz, Pfeffer und Paprikapulver. Lass den Spinat schrumpfen und sich gut mit den anderen Zutaten vermengen.

5. Streue die Hefeflocken darüber und rühre gut durch, bis sie sich leicht aufgelöst haben und dem Gericht eine käseartige Note verleihen.

6. Zum Schluss die Pfanne mit den gerösteten Sonnenblumenkernen und der frischen Petersilie bestreuen. Guten Appetit.

Tofu-Stir-Fry

Zubereitungszeit: 20 Minuten
Portionen: 1 Person

Zutaten:

- 150 g Tofu, gewürfelt
- 80 g Brokkoli, in kleine Röschen geteilt
- 60 g Paprika, in Streifen geschnitten
- 50 g Möhren, in dünne Scheiben geschnitten
- 2 Frühlingszwiebeln, in Ringe geschnitten
- 2 EL Sesamöl
- 1 EL Sojasauce
- 1 EL Sesamsamen, geröstet
- 1 TL frischer Ingwer, gerieben
- 1 TL Ahornsirup
- 1 Prise Chiliflocken

Zubereitung:

1. Erhitze 1 EL Sesamöl in einer Pfanne auf mittlerer Stufe. Füge den gewürfelten Tofu hinzu und brate ihn von allen Seiten goldbraun an. Wenn er schön kross ist, nimm ihn aus der Pfanne und stelle ihn beiseite.

2. Gib den restlichen EL Sesamöl in die Pfanne und erhöhe die Hitze leicht. Füge Brokkoli, Paprika und Möhren hinzu. Brate das Gemüse unter gelegentlichem Rühren für etwa 5 Minuten, bis es leicht angebräunt und dennoch bissfest ist.

3. Mische den geriebenen Ingwer, Ahornsirup, Chiliflocken und Sojasauce in einer kleinen Schale zusammen.

4. Gib den Tofu zurück in die Pfanne zum Gemüse. Gieße die Sojasauce-Mischung darüber und vermische alles gut. Lass alles noch etwa 2 Minuten köcheln.

5. Zum Schluss mischst du die Frühlingszwiebeln und die gerösteten Sesamsamen unter. Guten Appetit.

Gebratene Polenta mit Pilzragout

Zubereitungszeit: 30 Minuten
Portionen: 1 Person

Zutaten:

- 60 g Polenta
- 250 ml Gemüsebrühe
- 1 EL natives Olivenöl extra
- 150 g gemischte frische Pilze, geputzt und in Scheiben geschnitten
- 1 kleine Zwiebel, gewürfelt
- 1 TL frischer Thymian, fein gehackt
- 1 TL frischer Rosmarin, fein gehackt
- 1 TL Tomatenmark
- 1 EL Sojasoße
- Salz und Pfeffer nach Geschmack
- 1 EL Petersilie, fein gehackt

Zubereitung:

1. Bring die Gemüsebrühe in einem kleinen Topf zum Kochen. Rühre die Polenta ein und reduziere die Hitze. Lass die Polenta unter ständigem Rühren für etwa 15 Minuten köcheln, bis sie eingedickt und glatt ist. Schmecke mit Salz und Pfeffer ab. Gieße die fertige Polenta in eine flache Schale und streiche sie glatt. Lass sie für etwa 10 Minuten abkühlen und fest werden.

2. In der Zwischenzeit erhitze das Olivenöl in einer Pfanne über mittlerer Hitze. Gib die Zwiebeln hinzu und brate sie an, bis sie weich sind. Füge die Pilze hinzu und brate sie an, bis sie goldbraun und weich sind.

3. Gib Thymian, Rosmarin und Tomatenmark hinzu und mische alles gut. Lass es für ein paar Minuten köcheln. Gieße die Sojasoße hinzu, verrühre alles und lasse es nochmals 5 Minuten köcheln. Schmecke das Ragout mit Salz und Pfeffer ab.

4. Nimm die abgekühlte Polenta und schneide sie in etwa 2 cm dicke Scheiben. Erhitze eine Pfanne mit etwas Olivenöl und brate die Polentascheiben von beiden Seiten an, bis sie goldbraun sind.

5. Gib die gebratenen Polentascheiben auf einen Teller und gib das Pilzragout darüber. Garniere mit der frisch gehackten Petersilie. Guten Appetit.

Kichererbsen-Pfanne

Zubereitungszeit: 20 Minuten
Portionen: 1 Person

Zutaten:

- 150 g Kichererbsen, abgetropft
- 2 EL natives Olivenöl extra
- 1 TL Kurkuma, gemahlen
- 1 Bio-Zitrone, Saft und Abrieb
- 1 kleine Zwiebel, gewürfelt
- 1 Knoblauchzehe, gepresst
- 50 g Spinat, frisch und gewaschen
- 2 TL Sesamsamen
- 1 EL Petersilie, fein gehackt
- Salz und Pfeffer nach Geschmack

Zubereitung:

1. Erhitze das Olivenöl in einer Pfanne auf mittlerer Hitze. Gib die gewürfelte Zwiebel und den gepressten Knoblauch hinzu und dünste beides für ca. 3 Minuten, bis sie weich sind.

2. Füge die Kichererbsen und Kurkuma hinzu. Rühre alles gut um, sodass die Kichererbsen mit dem Kurkuma bedeckt sind.

3. Gib den frischen Spinat hinzu und lass ihn zusammenfallen. Das dauert ca. 2 Minuten.

4. Presse die Zitrone aus und füge den Saft sowie den Abrieb in die Pfanne hinzu. Mische alles gut durch.

5. Würze die Kichererbsen-Pfanne mit Salz und Pfeffer nach Geschmack. Verrühre alles nochmals gut.

6. Zum Schluss streust du die Sesamsamen und die gehackte Petersilie über die Pfanne. Guten Appetit.

Wok-Gemüse mit Erdnusssoße

Zubereitungszeit: 20 Minuten
Portionen: 1 Person

Zutaten:

- 100 g Brokkoli, in kleine Röschen geteilt
- 50 g Möhren, in feine Streifen geschnitten
- 50 g rote Paprika, in Streifen geschnitten
- 50 g Zuckerschoten, halbiert
- 2 Frühlingszwiebeln, in Ringe geschnitten
- 1 EL Rapsöl
- 2 TL frischer Ingwer, fein gehackt
- 1 kleine rote Chilischote, entkernt und fein gehackt
- Salz und Pfeffer nach Geschmack
- **Für die Erdnusssoße:**
- 3 EL cremige Erdnussbutter
- 2 TL Sojasoße
- 1 TL Agavendicksaft
- 60 ml Wasser
- 1 TL Bio-Limettensaft

Zubereitung:

1. Erhitze das Rapsöl in einem Wok oder einer großen Pfanne bei mittlerer Hitze. Füge den Ingwer und die Chilischote hinzu und brate sie etwa 1 Minute an, bis sie duften.

2. Füge nun den Brokkoli, die Möhren und die Paprika hinzu und brate das Gemüse etwa 5-7 Minuten unter ständigem Rühren an, bis es leicht gebräunt und trotzdem noch knackig ist.

3. Während das Gemüse gart, mische in einer kleinen Schüssel die Zutaten für die Erdnusssoße zusammen. Rühre gut um, bis eine glatte Soße entsteht. Schmecke mit Salz und Pfeffer ab und stelle die Soße beiseite.

4. Wenn das Gemüse fast fertig ist, gib die Zuckerschoten und die Frühlingszwiebeln hinzu. Brate alles noch weitere 2 Minuten, dann reduziere die Hitze und gieße die Erdnusssoße darüber.

5. Vermenge alles gut miteinander und lasse das Gemüse in der Soße noch 2-3 Minuten köcheln, bis es gut durchgewärmt ist.

6. Schmecke das Gericht mit Salz und Pfeffer ab und serviere es. Guten Appetit.

Auberginenrolle mit Quinoa-Füllung

Zubereitungszeit: 35 Minuten
Portionen: 1 Person

Zutaten:

- 1 mittelgroße Aubergine, längs in dünne Scheiben geschnitten
- 60 g Quinoa, gut gespült und abgetropft
- 1 kleine rote Paprika, gewürfelt
- 1 kleine Zwiebel, fein gewürfelt
- 1 TL natives Olivenöl extra
- 1 EL frische Petersilie, gehackt
- 1 TL Kreuzkümmel
- Salz und Pfeffer nach Geschmack
- 100 ml Gemüsebrühe
- 1 EL Bio-Zitronensaft
- 1 TL Sesam, geröstet

Zubereitung:

1. Setze Wasser in einem kleinen Topf auf und koche den Quinoa gemäß Packungsanweisung. Wenn er gar ist, stelle ihn beiseite.

2. In einer Pfanne das Olivenöl erhitzen und die Zwiebel darin andünsten, bis sie weich und goldbraun ist. Die gewürfelte Paprika hinzufügen und weiterbraten, bis sie weich ist.

3. Den gekochten Quinoa, Petersilie, Kreuzkümmel, Salz und Pfeffer in die Pfanne geben und gut umrühren. Die Gemüsebrühe hinzufügen und köcheln lassen, bis die Flüssigkeit fast vollständig absorbiert ist. Dann den Zitronensaft unterrühren und vom Herd nehmen.

4. Eine Grillpfanne erhitzen und die Auberginenscheiben von beiden Seiten grillen, bis sie weich und leicht gebräunt sind.

5. Auf jede Auberginenscheibe eine Portion der Quinoa-Mischung legen und vorsichtig aufrollen.

6. Die gefüllten Auberginenrollen auf einen Teller legen und mit geröstetem Sesam bestreuen. Guten Appetit.

Pilzrisotto mit Zitronenzeste

Zubereitungszeit: 30 Minuten
Portionen: 1 Person

Zutaten:

- 150 g Arborio-Reis, gewaschen
- 250 ml Gemüsebrühe
- 1 EL natives Olivenöl extra
- 1 kleine Zwiebel, fein gewürfelt
- 150 g frische Champignons, in Scheiben geschnitten
- 1 EL frische Zitronenzeste, gerieben
- 1 EL frischer Bio-Zitronensaft
- 1 EL Petersilie, fein gehackt
- 1 TL schwarzer Pfeffer
- Salz nach Geschmack

Zubereitung:

1. In einem Topf das Olivenöl erhitzen und die gewürfelte Zwiebel darin glasig anbraten.
2. Die Champignons hinzufügen und für etwa 5 Minuten mitbraten, bis sie weich und goldbraun sind.
3. Nun den Reis hinzufügen und für 1-2 Minuten rühren, bis der Reis gut mit dem Olivenöl überzogen ist.
4. Mit einer Kelle nach und nach die Gemüsebrühe hinzufügen und ständig rühren. Warte jedes Mal, bis die Brühe fast vollständig vom Reis aufgenommen wurde, bevor du die nächste Kelle Brühe hinzufügst.
5. Sobald der Reis weich ist und eine cremige Konsistenz hat, den Topf vom Herd nehmen.
6. Zitronenzeste, Zitronensaft, Petersilie, Pfeffer und Salz hinzufügen und gut unterrühren.
7. Das Pilzrisotto in eine Schüssel geben und servieren. Guten Appetit.

Gegrillte Zucchini mit Hummus

Zubereitungszeit: 20 Minuten
Portionen: 1 Person

Zutaten:

- 1 mittelgroße Zucchini, gewaschen und in lange Streifen geschnitten
- 1 EL natives Olivenöl extra
- 1 Prise Salz und Pfeffer
- 100 g Kichererbsen, abgespült und abgetropft
- 1 TL Tahini (Sesampaste)
- 1 kleine Knoblauchzehe, gepresst
- Saft einer halben Bio-Zitrone
- 2 EL natives Olivenöl extra
- Frische Kräuter (z.B. Petersilie), fein gehackt

Zubereitung:

1. Heize deinen Grill oder eine Grillpfanne auf mittlere Hitze vor. Währenddessen, die Zucchinistreifen mit 1 EL Olivenöl beträufeln und mit Salz und Pfeffer würzen.

2. Lege die Zucchinistreifen auf den Grill und grille sie für etwa 2-3 Minuten auf jeder Seite, bis sie zarte Grillspuren aufweisen. Anschließend vom Grill nehmen und beiseite legen.

3. Für den Hummus die Kichererbsen, Tahini, Knoblauch, Zitronensaft und Olivenöl in einen Mixer oder eine Küchenmaschine geben. Alles zu einer glatten Masse pürieren. Falls der Hummus zu dick ist, kannst du etwas Wasser hinzufügen, bis er die gewünschte Konsistenz erreicht.

4. Glb den Hummus in eine Schüssel und garniere ihn mit den frisch gehackten Kräutern.

5. Serviere die gegrillten Zucchini gemeinsam mit dem Hummus. Guten Appetit.

Falafel-Wrap mit Dressing

Zubereitungszeit: 25 Minuten
Portionen: 1 Person

Zutaten:

- 3 Falafelbällchen, fertig gekauft oder selbstgemacht
- 1 Weizen-Tortilla, mittelgroß
- 1 Handvoll Rucola, gewaschen und getrocknet
- 5 Cherrytomaten, halbiert
- 1 kleine rote Zwiebel, in dünne Ringe geschnitten
- 1 TL schwarze Sesamsamen
- **Für das Dressing:**
- 2 EL Tahini (Sesampaste)
- 1 EL Bio-Zitronensaft
- 1 EL Wasser
- 1 TL Agavensirup
- Salz und Pfeffer zum Abschmecken

Zubereitung:

1. Beginne mit dem Tahini-Dressing: In einer kleinen Schüssel vermischt du Tahini, Zitronensaft, Wasser und Agavensirup. Rühre alles gut um, bis du eine cremige Konsistenz erhältst. Schmecke das Dressing mit Salz und Pfeffer ab.

2. Erhitze die Falafel nach Packungsanweisung oder, wenn sie selbstgemacht sind, in einer Pfanne mit etwas Öl, bis sie rundum goldbraun und durchgewärmt sind.

3. Erwärme die Tortilla in einer trockenen Pfanne für ca. 1 Minute auf jeder Seite, bis sie warm und geschmeidiger ist.

4. Lege die Tortilla auf einem Teller und verteile den Rucola darauf. Setze die warmen Falafel in die Mitte des Wraps. Gib die halbierten Cherrytomaten und die roten Zwiebelringe darüber.

5. Träufle das Tahini-Dressing über den Inhalt des Wraps und bestreue alles mit den schwarzen Sesamsamen.

6. Rolle die Tortilla vorsichtig um die Füllung herum, sodass du einen festen Wrap erhältst.

7. Halbiere den Wrap diagonal und serviere ihn. Guten Appetit.

Gefüllte Paprika mit Couscous

Zubereitungszeit: 30 Minuten
Portionen: 1 Person

Zutaten:

- 1 große rote Paprika, gewaschen und entkernt
- 50 g Couscous
- 100 ml Gemüsebrühe
- 2 EL natives Olivenöl extra
- 1 kleine Zwiebel, gewürfelt
- 1 kleine Knoblauchzehe, fein gehackt
- 2 EL Granatapfelkerne
- 1 EL frische Minze, fein gehackt
- Salz und Pfeffer nach Geschmack
- 1 EL Bio-Zitronensaft
- 1 EL Pinienkerne, geröstet

Zubereitung:

1. Den Backofen auf 180 Grad vorheizen.

2. In einer kleinen Pfanne das Olivenöl erhitzen und die gewürfelte Zwiebel sowie den gehackten Knoblauch darin anbraten, bis sie weich und goldbraun sind.

3. Die Gemüsebrühe in einem Topf zum Kochen bringen. Den Couscous hinzufügen und vom Herd nehmen. Den Topf mit einem Deckel abdecken und den Couscous etwa 5 Minuten quellen lassen.

4. Den gequollenen Couscous mit einer Gabel auflockern und die angebratenen Zwiebeln und Knoblauch, Granatapfelkerne, Minze, gerösteten Pinienkerne, Zitronensaft, Salz und Pfeffer hinzufügen. Alles gut vermischen.

5. Die Paprika mit der Couscous-Mischung füllen und in eine kleine Auflaufform setzen.

6. Die gefüllte Paprika im vorgeheizten Backofen etwa 15-20 Minuten backen, bis sie weich und leicht gebräunt ist.

7. Die gefüllte Paprika vorsichtig aus dem Ofen nehmen und auf einen Teller setzen. Guten Appetit.

Spinat-Tomaten-Lasagne mit Cashewcreme

Zubereitungszeit: 40 Minuten
Portionen: 1 Person

Zutaten:

- 100 g frischer Spinat, gewaschen und grob gehackt
- 1 mittelgroße Tomate, in Scheiben geschnitten
- 50 g Cashewkerne, über Nacht eingeweicht und abgetropft
- 1 EL natives Olivenöl extra
- 1 kleine Zwiebel, gewürfelt
- 1 Knoblauchzehe, fein gehackt
- 3 Lasagneplatten
- 150 ml Gemüsebrühe
- 1 EL Bio-Zitronensaft
- Salz und Pfeffer nach Geschmack
- 1 TL Oregano
- 1 TL Basilikum

Zubereitung:

1. Beginne mit der Cashewcreme. Gib die eingeweichten Cashewkerne, Zitronensaft, Salz und 50 ml Gemüsebrühe in einen Mixer und püriere alles zu einer glatten Creme. Stelle sie beiseite.

2. Erhitze das Olivenöl in einer Pfanne. Füge Zwiebel und Knoblauch hinzu und dünste sie, bis sie weich sind. Gib dann den gehackten Spinat dazu und brate ihn, bis er zusammenfällt. Würze mit Salz, Pfeffer, Oregano und Basilikum.

3. Koche die Lasagneplatten in einem Topf mit Salzwasser gemäß den Anweisungen auf der Packung.

4. Nimm eine kleine Auflaufform und verteile ein wenig von der Spinatmischung am Boden. Lege eine Lasagneplatte darauf, gefolgt von einer Schicht Tomatenscheiben und einem Klecks Cashewcreme. Wiederhole die Schichten, bis alle Zutaten aufgebraucht sind, wobei die oberste Schicht aus Cashewcreme bestehen sollte.

5. Gib die restliche Gemüsebrühe über die Lasagne, damit sie während des Backens nicht austrocknet.

6. Backe die Lasagne im vorgeheizten Ofen bei 180 Grad für ca. 20-25 Minuten, bis sie goldbraun und durchgegart ist. Lass sie danach kurz abkühlen. Guten Appetit.

Frühstück

Chia-Pudding mit Beeren

Zubereitungszeit: 15 Minuten
Portionen: 1 Person

Zutaten:

- 2 EL Chiasamen
- 200 ml Mandelmilch, ungesüßt
- 1/2 TL Vanilleextrakt
- 1 TL Ahornsirup
- 50 g gemischte Beeren (z.B. Himbeeren, Blaubeeren, Erdbeeren), gewaschen und geviertelt
- Eine kleine Prise Salz
- 1 EL Kokosflocken, leicht geröstet

Zubereitung:

1. In einer Schüssel die Chiasamen, Mandelmilch, Vanilleextrakt, Ahornsirup und die Prise Salz gut vermengen. Die Mischung sollte gut durchgerührt werden, damit keine Klumpen entstehen.

2. Die Schüssel abdecken und über Nacht (mindestens 4 Stunden) in den Kühlschrank stellen. Die Chiasamen werden die Flüssigkeit aufsaugen und eine puddingähnliche Konsistenz annehmen.

3. Am nächsten Morgen den Chia-Pudding aus dem Kühlschrank nehmen und noch einmal gut umrühren. Sollte er zu fest sein, kannst du noch etwas Mandelmilch hinzufügen, um die gewünschte Konsistenz zu erreichen.

4. Den Pudding in eine Schale geben und mit den gemischten Beeren und den gerösteten Kokosflocken garnieren. Guten Appetit.

Müsli mit Hafermilch und Apfelstücken

Zubereitungszeit: 10 Minuten
Portionen: 1 Person

Zutaten:

- 50 g grobe Haferflocken
- 200 ml Hafermilch, ungesüßt
- 1 Apfel, gewaschen und in kleine Stücke geschnitten
- 1 EL Chiasamen
- 1 EL gehackte Nüsse (z.B. Walnüsse oder Mandeln)
- 1 TL Ahornsirup
- 1 Prise Zimt
- Einige frische Beeren (z.B. Himbeeren oder Blaubeeren) zum Garnieren
- Ein paar Minzblätter

Zubereitung:

1. Nimm eine Schale und gib die Haferflocken hinein.
2. Gieße die Hafermilch über die Flocken, sodass sie gerade bedeckt sind.
3. Lass die Mischung kurz quellen, bis die Flocken die Milch aufgenommen haben und weicher geworden sind.
4. Währenddessen, gib die Chiasamen in ein kleines Glas und füge 2 EL Wasser hinzu. Lass sie für ein paar Minuten quellen.
5. Mische nun die gequollenen Chiasamen, die Apfelstücke und die gehackten Nüsse unter das Müsli.
6. Gib nach Belieben 1 TL Ahornsirup und eine Prise Zimt hinzu und verrühre alles gut.
7. Garniere das Müsli mit den frischen Beeren und ein paar Minzblättern. Guten Appetit.

Haferbrei mit Zimt und Rosinen

Zubereitungszeit: 15 Minuten
Portionen: 1 Person

Zutaten:

- 50 g feine Haferflocken
- 250 ml Mandelmilch, unge-süßt
- 1 EL Rosinen, gewaschen
- 1/2 TL Zimt, gemahlen
- 1 TL Kokosöl
- 1 EL Ahornsirup
- 1 EL Walnüsse, grob gehackt
- 1 EL Kokosraspeln

Zubereitung:

1. Nimm einen kleinen Topf und erhitze das Kokosöl darin auf mittlerer Stufe.

2. Gib die Haferflocken in den Topf und röste sie für 1-2 Minuten leicht an, bis sie ein wenig goldbraun sind.

3. Füge die Mandelmilch langsam hinzu und rühre gut um, um Klumpen zu verhindern.

4. Während der Haferbrei köchelt, mische den Zimt und die Rosinen unter. Lass das Ganze auf niedriger Hitze etwa 10 Minuten köcheln, bis der Hafer weich und die Mischung cremig ist. Rühre ab und zu um.

5. Nimm den Topf vom Herd und rühre den Ahornsirup unter.

6. Gib den Haferbrei in eine Schüssel. Bestreue ihn mit den gehackten Walnüssen und den Kokosraspeln. Guten Appetit.

Fruchtiger Smoothie mit Spinat

Zubereitungszeit: 10 Minuten
Portionen: 1 Person

Zutaten:

- 60 g frischen Spinat, gewaschen und grob gehackt
- 1 reife Banane, geschält und in Stücke geschnitten
- 100 g gefrorene Mango, in Stücke
- 200 ml Mandelmilch, ungesüßt
- 1 EL Chiasamen
- 1 TL frischer Ingwer, fein gerieben
- 1 EL Agavendicksaft

Zubereitung:

1. Nimm deinen Mixer zur Hand und gib zuerst die Mandelmilch hinein.

2. Füge den Spinat, die Banane, die gefrorene Mango und den geriebenen Ingwer hinzu.

3. Mixe alles auf hoher Stufe, bis der Smoothie eine gleichmäßige, cremige Konsistenz hat.

4. Gib die Chiasamen und den Agavendicksaft hinzu und mixe nochmals kurz durch.

5. Schütte deinen frischen Smoothie in ein Glas. Guten Appetit.

Buchweizen-Pfannkuchen

Zubereitungszeit: 20 Minuten
Portionen: 1 Person

Zutaten:

- 60 g Buchweizenmehl
- 120 ml Hafermilch, ungesüßt
- 1 TL Backpulver
- 1 TL Vanilleextrakt
- Eine Prise Salz
- 2 EL Ahornsirup
- 1 EL Kokosöl
- 50 g frische Blaubeeren, gewaschen
- 1 EL Chiasamen

Zubereitung:

1. In einer Schüssel das Buchweizenmehl, Backpulver und Salz gut vermischen.

2. Den Vanilleextrakt und die Hafermilch hinzufügen und alles zu einem glatten Teig rühren.

3. Die Chiasamen unter den Teig heben und für etwa 5 Minuten quellen lassen.

4. Eine Pfanne bei mittlerer Hitze erwärmen und das Kokosöl darin schmelzen.

5. Für jeden Pfannkuchen etwa ein Viertel des Teiges in die Pfanne geben und ein paar Blaubeeren darauf verteilen.

6. Die Pfannkuchen von beiden Seiten goldbraun backen, bis sie fest und gut durchgebraten sind.

7. Die fertigen Pfannkuchen auf einen Teller legen und mit Ahornsirup beträufeln. Guten Appetit.

Granola mit Kokosjoghurt

Zubereitungszeit: 20 Minuten
Portionen: 1 Person

Zutaten:

- 40 g grobe Haferflocken
- 20 g Walnüsse, grob gehackt
- 15 g Sonnenblumenkerne
- 10 g Kakaonibs
- 2 EL Ahornsirup
- 1 TL Vanilleextrakt
- Eine Prise Salz
- 150 ml Kokosjoghurt
- 1 frische Kiwi, geschält und in Scheiben geschnitten
- Einige frische Heidelbeeren

Zubereitung:

1. Heize deinen Ofen auf 180 Grad vor.

2. In einer mittelgroßen Schüssel Haferflocken, Walnüsse, Sonnenblumenkerne und Kakaonibs vermengen. Ahornsirup, Vanilleextrakt und eine Prise Salz hinzufügen und alles gut verrühren, sodass die Hafermischung gleichmäßig mit dem Sirup überzogen ist.

3. Verteile die Granolamischung gleichmäßig auf einem mit Backpapier ausgelegten Backblech.

4. Backe die Mischung 10-12 Minuten im vorgeheizten Ofen oder bis sie goldbraun ist. Achte darauf, sie nicht zu verbrennen! Lass die Granola nach dem Backen komplett auskühlen, damit sie noch knuspriger wird.

5. Fülle den Kokosjoghurt in eine Schale und gib die abgekühlte Granola darüber.

6. Garniere dein Frühstück mit Kiwischeiben und frischen Heidelbeeren. Guten Appetit.

Hirsebrei mit Apfelmus

Zubereitungszeit: 20 Minuten
Portionen: 1 Person

Zutaten:

- 50 g Hirse, gut gespült und abgetropft
- 250 ml Wasser
- 1 großer Apfel, gewürfelt
- 1 TL Zimt
- 1 EL Ahornsirup
- 1 EL Mandelblättchen, geröstet
- Eine Prise Salz
- 100 ml Mandelmilch, ungesüßt

Zubereitung:

1. In einem kleinen Topf bringst du das Wasser mit der Prise Salz zum Kochen. Füge die gewaschene Hirse hinzu und lass sie auf mittlerer Hitze 15 Minuten köcheln, bis sie weich und das Wasser fast vollständig aufgenommen ist.

2. Während die Hirse köchelt, nimm einen anderen kleinen Topf und gib die gewürfelten Äpfel mit dem Zimt und 2 EL Wasser hinein. Koche die Äpfel auf mittlerer Hitze bis sie weich werden. Anschließend pürierst du die Mischung mit einem Stabmixer oder einer Gabel, bis ein glattes Apfelmus entsteht. Je nach Geschmack kannst du noch etwas Ahornsirup hinzufügen.

3. Wenn die Hirse fertig gekocht ist, rührst du die Mandelmilch unter und erhitzt das Ganze nochmals kurz. Sollte der Brei zu dick sein, kannst du noch etwas mehr Mandelmilch hinzufügen.

4. Serviere den Hirsebrei in einer Schüssel, gib das Apfelmus darüber und bestreue das Ganze mit den gerösteten Mandelblättchen. Guten Appetit.

Veganes Rührei aus Tofu

Zubereitungszeit: 10 Minuten
Portionen: 1 Person

Zutaten:

- 150 g Naturtofu, zerbröselt
- 2 EL Sojamilch, ungesüßt
- 1 EL natives Olivenöl extra
- 1 kleine Zwiebel, fein gewürfelt
- 1 TL Kurkuma
- 1 EL Hefeflocken
- 1 TL Sojasauce
- 1 EL frischer Schnittlauch,
  fein gehackt
- Eine Prise schwarzer Pfeffer
- Eine Prise Salz

Zubereitung:

1. Erhitze das Olivenöl in einer Pfanne bei mittlerer Hitze.

2. Füge die gewürfelte Zwiebel hinzu und dünste sie, bis sie weich und goldbraun ist.

3. Gib den zerbröselten Tofu in die Pfanne. Mische ihn gut mit der Zwiebel und lass alles für 2-3 Minuten anbraten.

4. In der Zwischenzeit vermische in einer kleinen Schüssel die Sojamilch, Kurkuma, Hefeflocken und Sojasauce.

5. Füge die Mischung in die Pfanne hinzu und verrühre alles gut. Lass es weitere 3-4 Minuten köcheln.

6. Schmecke das Rührei mit Salz und Pfeffer ab und gib zum Schluss den frischen Schnittlauch darüber.

7. Gib das Rührei auf einen Teller. Guten Appetit.

Beeren-Smoothie-Bowl

Zubereitungszeit: 10 Minuten
Portionen: 1 Person

Zutaten:

- 200 ml Kokosmilch, ungesüßt
- 100 g gemischte Beeren
  (Himbeeren, Blaubeeren,
  Erdbeeren), gewaschen und
  halbiert
- 1 EL Chiasamen
- 2 EL Haferflocken
- 1 EL Ahornsirup
- 1 TL Vanilleextrakt
- Eine Prise Salz
- Einige frische Minzblätter

Zubereitung:

1. Gib zuerst die Kokosmilch in einen Mixer. Dann füge die Hälfte der Beeren, den Ahornsirup, den Vanilleextrakt und eine Prise Salz hinzu.

2. Mixe alles, bis du eine gleichmäßige und cremige Konsistenz erhältst.

3. Gib nun die Chiasamen und Haferflocken hinzu und rühre mit einem
   Löffel gut um, damit alles gut vermischt ist.

4. Schütte den Smoothie in eine Schale. Verteile die restlichen Beeren
   darüber und garniere mit einigen frischen Minzblättern. Guten Appetit.

Bananen-Pfannkuchen

Zubereitungszeit: 15 Minuten
Portionen: 1 Person

Zutaten:

- 1 reife Banane, zerdrückt
- 80 g Vollkornmehl
- 100 ml Mandelmilch, unge-süßt
- 1 TL Backpulver
- 1 TL Vanilleextrakt
- 1 EL Ahornsirup
- Eine Prise Salz
- 1 EL Kokosöl zum Anbraten

Zubereitung:

1. In einer mittelgroßen Schüssel die zerdrückte Banane mit dem Ahornsirup und Vanilleextrakt vermengen.

2. In einer anderen Schüssel das Vollkornmehl, Backpulver und Salz mischen. Anschließend die trockenen Zutaten zu den feuchten hinzufügen und gut umrühren.

3. Langsam die Mandelmilch hinzufügen und vorsichtig unterheben, bis ein glatter Teig entsteht.

4. Eine Pfanne auf mittlere Hitze vorheizen und das Kokosöl hinzufügen.

5. Sobald das Öl heiß ist, mit einer Kelle etwas Teig in die Pfanne geben und den Pfannkuchen von beiden Seiten goldbraun anbraten. Diesen Vorgang wiederholen, bis der gesamte Teig verbraucht ist.

6. Die fertigen Pfannkuchen auf einen Teller legen und nach Belieben mit Früchten oder Ahornsirup garnieren. Guten Appetit.

Mandeljoghurt mit Honigmelone

Zubereitungszeit: 10 Minuten
Portionen: 1 Person

Zutaten:

- 200 g veganer Mandeljoghurt, ungezuckert
- 150 g Honigmelone, gewürfelt
- 1 EL Chiasamen
- 1 TL Agavendicksaft oder Ahornsirup
- 1 EL gehackte Walnüsse
- Eine Prise Vanillepulver
- Einige frische Minzblätter, fein gehackt

Zubereitung:

1. Nimm eine Schüssel und gib den Mandeljoghurt hinein.
2. Füge die Chiasamen, den Agavendicksaft oder Ahornsirup und das Vanillepulver hinzu und rühre alles gut durch.
3. Lasse die Mischung für etwa 5 Minuten stehen, damit die Chiasamen etwas aufquellen können.
4. Währenddessen kannst du die Honigmelone würfeln und bereithalten.
5. Hebe die Honigmelonenwürfel vorsichtig unter den Joghurt.
6. Streue die gehackten Walnüsse darüber.
7. Zum Schluss gibst du die fein gehackten Minzblätter darüber und vermengst alles noch einmal leicht.
8. Serviere deinen Joghurt in einer Schale oder einem tiefen Teller. Guten Appetit.

Hirse-Porridge mit Pflaumen

Zubereitungszeit: 20 Minuten
Portionen: 1 Person

Zutaten:

- 50 g Hirse, gut gespült und abgetropft
- 250 ml Mandelmilch, ungesüßt
- 2 frische Pflaumen, entsteint und in Würfel geschnitten
- 1 TL Ahornsirup
- 1 TL Vanilleextrakt
- 1 Prise Salz
- 10 g gehackte Walnüsse
- 1 EL Kokosraspeln

Zubereitung:

1. Gib die Hirse zusammen mit der Mandelmilch in einen Topf. Füge den Ahornsirup, Vanilleextrakt und die Prise Salz hinzu. Rühre gut um und stelle den Topf auf mittlere Hitze.

2. Lass die Mischung aufkochen und reduziere dann die Hitze, sodass es leicht köchelt. Rühre gelegentlich um und lass die Hirse für etwa 15 Minuten quellen, bis sie weich ist und die Flüssigkeit größtenteils aufgenommen hat.

3. Während die Hirse kocht, röste die Kokosraspeln in einer Pfanne ohne Öl leicht an, bis sie goldbraun sind. Achte darauf, sie nicht verbrennen zu lassen.

4. Gib die gekochte Hirse in eine Schale, verteile die Pflaumenwürfel darüber, bestreue sie mit den gerösteten Kokosraspeln und den gehackten Walnüssen. Wenn du magst, kannst du noch einen kleinen Schuss Ahornsirup darüber träufeln. Guten Appetit.

Bircher Müsli mit Datteln

Zubereitungszeit: 15 Minuten
Portionen: 1 Person

Zutaten:

- 50 g grobe Haferflocken
- 150 ml Mandelmilch, ungesüßt
- 4 Datteln, entsteint und klein gehackt
- 1 EL Chiasamen
- 1 EL Mandeln, gehackt
- 1 Apfel, gewaschen und geraspelt (mit Schale)
- 1 EL Ahornsirup
- 1 TL Zimt, gemahlen
- 1 EL Kokosraspeln

Zubereitung:

1. In einer Schüssel die Haferflocken mit der Mandelmilch vermischen. Lass diese Mischung für etwa 10 Minuten quellen, bis die Haferflocken die Flüssigkeit aufgesogen haben.

2. Während die Haferflocken quellen, bereitest du die anderen Zutaten vor: Datteln hacken, Apfel raspeln und Mandeln grob zerkleinern.

3. Gib die gehackten Datteln, Chiasamen, geraspelten Apfel, Mandeln und den Ahornsirup zu den gequollenen Haferflocken in die Schüssel.

4. Mische alles gründlich durch und würze mit Zimt. Wenn du magst, kannst du etwas mehr oder weniger Zimt hinzufügen, je nach Geschmack.

5. Schichte dein Müsli in ein Glas oder eine Schüssel und bestreue es mit den Kokosraspeln als Topping.

6. Stelle dein Müsli für mindestens 1 Stunde oder über Nacht in den Kühlschrank.

7. Vor dem Servieren kannst du nach Bedarf noch ein wenig Mandelmilch hinzufügen, falls dir die Konsistenz zu fest sein sollte. Guten Appetit.

Mohn-Porridge mit Blaubeersauce

Zubereitungszeit: 15 Minuten
Portionen: 1 Person

Zutaten:

- 50 g Haferflocken
- 250 ml Mandelmilch, unge-süßt
- 2 EL Mohnsamen
- 1 TL Vanilleextrakt
- 1 Prise Salz
- 100 g frische Blaubeeren, ge-waschen
- 2 EL Ahornsirup
- 1 EL Bio-Zitronensaft
- 1 EL Kokosöl

Zubereitung:

1. In einem kleinen Topf die Mandelmilch zusammen mit den Haferflocken, Mohnsamen, Vanilleextrakt und der Prise Salz bei mittlerer Hitze zum Köcheln bringen.

2. Während das Porridge köchelt, in einer separaten Pfanne das Kokosöl erhitzen. Die Blaubeeren, Ahornsirup und Zitronensaft hinzugeben und bei niedriger Hitze köcheln lassen, bis eine saftige Sauce entsteht. Dabei regelmäßig umrühren.

3. Das Porridge weiterhin köcheln lassen, bis er die gewünschte Konsistenz erreicht hat. Anschließend in eine Schüssel geben.

4. Die heiße Blaubeersauce über das Porridge gießen.

5. Zum Schluss nach Belieben mit ein paar extra Blaubeeren und Mohnsamen garnieren. Guten Appetit.

Avocado-Toast mit Chiliflocken

Zubereitungszeit: 10 Minuten
Portionen: 1 Person

Zutaten:

- 1 Scheibe Vollkornbrot
- 1 reife Avocado, halbiert und entkernt
- 1 TL Chiliflocken
- 1 TL Bio-Zitronensaft
- 1 EL natives Olivenöl extra
- Eine Prise Salz
- Eine Prise Pfeffer
- 1 Frühlingszwiebel, fein gehackt
- 1 kleine Tomate, gewürfelt

Zubereitung:

1. Toaste das Vollkornbrot in einem Toaster oder einer Pfanne, bis es knusprig und goldbraun ist.

2. In einer kleinen Schüssel das Avocado-Fruchtfleisch mit einer Gabel zerdrücken. Den Zitronensaft, Salz und Pfeffer hinzufügen und gut vermischen.

3. Die Avocadomischung gleichmäßig auf dem getoasteten Brot verteilen.

4. Gib das Olivenöl darüber und bestreue alles mit den Chiliflocken.

5. Die gehackte Frühlingszwiebel und die gewürfelte Tomate über den Avocado-Toast streuen.

6. Zum Schluss, wenn du magst, kannst du noch ein paar zusätzliche Chiliflocken darüber streuen, je nachdem, wie scharf du es magst. Guten Appetit.

Snacks

Geröstete Kichererbsen mit Paprika

Zubereitungszeit: 20 Minuten
Portionen: 1 Person

Zutaten:

- 150 g Kichererbsen, abgetropft und gut abgespült
- 1 mittelgroße rote Paprika, gewürfelt
- 2 EL natives Olivenöl extra
- 1 TL Paprikapulver, edelsüß
- 1 TL Kreuzkümmel
- 1/2 TL Chiliflocken (oder nach Geschmack)
- 1 TL Meersalz
- 1/2 Bio-Zitrone, Saft und Abrieb

Zubereitung:

1. Heize deinen Ofen auf 200 Grad vor.

2. In einer Schüssel vermischt du die Kichererbsen und gewürfelte Paprika mit dem Olivenöl. Mische alles gut durch, bis die Kichererbsen und Paprika gut mit dem Öl überzogen sind.

3. Füge Paprikapulver, Kreuzkümmel, Chiliflocken und Meersalz hinzu. Vermische alles erneut sorgfältig.

4. Breite die Kichererbsen-Paprika-Mischung gleichmäßig auf einem mit Backpapier ausgelegten Backblech aus.

5. Röste alles für 15-20 Minuten im Ofen, bis die Kichererbsen knusprig und die Paprika weich sind. Zwischendurch einmal umrühren, damit nichts anbrennt.

6. Hole das Blech aus dem Ofen und tröpfle den Zitronensaft sowie etwas Zitronenabrieb über die Kichererbsen und Paprika. Vermenge alles noch einmal gut miteinander. Guten Appetit.

Dattel-Nuss-Bällchen

Zubereitungszeit: 15 Minuten
Portionen: 1 Person

Zutaten:

- 5 entsteinte und halbierte Datteln
- 50 g gemischte Nüsse (z.B. Mandeln und Walnüsse), grob gehackt
- 1 EL Kokosraspeln
- 1 EL Chiasamen
- 2 EL Kakao
- Eine Prise Meersalz

Zubereitung:

1. Nimm die Datteln und lege sie für 10 Minuten in warmes Wasser, damit sie etwas weicher werden.

2. Gib die eingeweichten Datteln und die gemischten Nüsse in eine Küchenmaschine und mixe alles, bis eine gleichmäßige Masse entsteht.

3. Füge nun die Kokosraspeln, Chiasamen, Kakao und die Prise Meersalz hinzu und mixe erneut, bis alles gut vermengt ist.

4. Forme mit deinen Händen kleine Bällchen aus der Masse. Sollte die Masse zu klebrig sein, befeuchte deine Hände ein wenig.

5. Leg die fertigen Bällchen auf ein Teller oder in eine Box und stelle sie für mindestens 1 Stunde in den Kühlschrank, damit sie fest werden. Guten Appetit.

Edamame mit Meersalz

Zubereitungszeit: 15 Minuten
Portionen: 1 Person

Zutaten:

- 200 g Edamame, frisch oder tiefgekühlt
- 1 EL natives Olivenöl extra
- 1 TL Meersalz
- 1 TL Bio-Zitronensaft, frisch gepresst
- 1 TL Sesamsamen
- Eine Prise Chiliflocken

Zubereitung:

1. Setze einen Topf mit Wasser auf den Herd und bringe es zum Kochen. Wenn das Wasser kocht, gib die Edamame hinzu und lass sie für 5 Minuten kochen. Falls du tiefgekühlte Edamame nutzt, koche sie gemäß den Anweisungen auf der Verpackung.

2. Während die Edamame kochen, erhitzt du das Olivenöl in einer Pfanne auf mittlerer Hitze.

3. Nachdem die Edamame fertig gekocht sind, siebst du das Wasser ab und gibst die Bohnen direkt in die Pfanne mit dem heißen Olivenöl.

4. Röste die Edamame unter ständigem Rühren etwa 2-3 Minuten in der Pfanne an.

5. Gib jetzt den Zitronensaft und die Chiliflocken dazu. Rühre alles gut durch und lass es für weitere 2 Minuten in der Pfanne.

6. Nimm die Pfanne vom Herd und gib die Edamame in eine Schale. Bestreue sie mit Meersalz und Sesamsamen.

7. Vermenge alles sorgfältig und serviere es. Guten Appetit.

Mandel-Tahini-Riegel

Zubereitungszeit: 20 Minuten
Portionen: 1 Person

Zutaten:

- 50 g Mandeln, grob gehackt
- 2 EL Tahini (Sesampaste)
- 2 EL Ahornsirup
- 1 EL Kokosöl, geschmolzen
- 1 TL Vanilleextrakt
- Eine Prise Meersalz
- 2 EL Chiasamen
- 2 EL Kakaonibs

Zubereitung:

1. Zuerst die Mandeln in einer Pfanne ohne Öl für ca. 3-4 Minuten anrösten, bis sie leicht goldbraun sind und duften.

2. In einer mittelgroßen Schüssel Tahini, Ahornsirup, geschmolzenes Kokosöl und Vanilleextrakt gut vermengen.

3. Füge die gerösteten Mandeln, Chiasamen, Kakaonibs und eine Prise Meersalz hinzu und rühre, bis alles gut vermischt ist.

4. Auf einem mit Backpapier ausgelegten Tablett oder in einer kleinen Auflaufform die Mischung gleichmäßig verteilen und leicht andrücken.

5. Für ca. 15 Minuten in den Kühlschrank stellen, bis der Riegel fest geworden ist.

6. Nach dem Kühlen in vier gleich große Riegel schneiden. Guten Appetit.

Gemüsesticks mit Hummus

Zubereitungszeit: 15 Minuten
Portionen: 1 Person

Zutaten:

- 1 mittelgroße Karotte, geschält und in Sticks geschnitten
- 1 kleine Gurke, gewaschen und in Sticks geschnitten
- 1 kleiner roter Paprika, gewaschen und in Streifen geschnitten
- 100 g Kichererbsen aus der Dose, gut abgespült und abgetropft
- 1 EL natives Olivenöl extra
- 1 TL Tahini (Sesampaste)
- 1 TL Bio-Zitronensaft
- 1 kleine Knoblauchzehe, fein gehackt
- Eine Prise Salz und Pfeffer
- 1 TL Kreuzkümmel, gemahlen

Zubereitung:

1. Nimm zuerst die Kichererbsen, das Olivenöl, Tahini, Zitronensaft und den gehackten Knoblauch. Gib alles in eine Schüssel oder einen Mixer.

2. Püriere die Mischung, bis sie eine gleichmäßige und cremige Konsistenz hat. Je nach Wunsch kannst du ein wenig Wasser hinzufügen, um die Konsistenz anzupassen.

3. Füge Salz, Pfeffer und Kreuzkümmel hinzu. Mische alles gut durch.

4. Gib den fertigen Hummus in eine kleine Schüssel.

5. Verteile die Gemüsesticks (Karotte, Gurke und Paprika) um die Schüssel herum oder stecke sie direkt in den Hummus. Guten Appetit.

Kokos-Energiekugeln

Zubereitungszeit: 15 Minuten
Portionen: 1 Person

Zutaten:

- 100 g Kokosraspeln
- 50 g Mandeln, fein gemahlen
- 2 EL Agavendicksaft oder Ahornsirup
- 1 TL Vanilleextrakt
- 2 EL Chiasamen
- 3 EL Kokosöl, geschmolzen
- 1 Prise Salz

Zubereitung:

1. Lege einen kleinen Teller oder ein Backblech mit Backpapier aus. Dies wird später für die Energiekugeln benötigt.

2. In einer mittelgroßen Schüssel fügst du die Kokosraspeln, die gemahlenen Mandeln und die Chiasamen zusammen. Vermenge alles gut miteinander.

3. Gib nun den Agavendicksaft oder Ahornsirup, den Vanilleextrakt und das geschmolzene Kokosöl dazu. Vermische alles gründlich, bis eine gleichmäßige Masse entsteht.

4. Forme aus der Masse kleine Kugeln und lege sie auf das vorbereitete Backpapier. Wenn du möchtest, kannst du die Energiekugeln noch in zusätzlichen Kokosraspeln wälzen, sodass sie rundum mit Kokos bedeckt sind.

5. Stelle die Kugeln für etwa 15 Minuten in den Kühlschrank, damit sie fest werden.

6. Bewahre die Energiekugeln in einem luftdichten Behälter im Kühlschrank auf. So bleiben sie schön frisch. Guten Appetit.

Gebackene Süßkartoffelchips

Zubereitungszeit: 35 Minuten
Portionen: 1 Person

Zutaten:
- 1 mittelgroße Süßkartoffel, gewaschen und ungeschält
- 2 EL natives Olivenöl extra
- 1 TL Paprikapulver, edelsüß
- 1/2 TL Salz
- 1/2 TL Pfeffer, frisch gemahlen
- 1 TL Rosmarin, fein gehackt

Zubereitung:
1. Den Backofen auf 180 Grad vorheizen und ein Backblech mit Backpapier auslegen.
2. Die Süßkartoffel in sehr dünne Scheiben schneiden, am besten mit einem Gemüsehobel, damit sie gleichmäßig dünn sind.
3. In einer großen Schüssel das Olivenöl, Paprika, Salz, Pfeffer und den gehackten Rosmarin vermengen.
4. Die Süßkartoffelscheiben in die Schüssel geben und sicherstellen, dass jede Scheibe gut mit der Öl-Gewürzmischung bedeckt ist.
5. Die gewürzten Süßkartoffelscheiben nebeneinander auf das Backblech legen, ohne dass sie sich überlappen.
6. Im vorgeheizten Ofen etwa 20-25 Minuten backen, bis sie knusprig und goldbraun sind. Zwischendurch ein- oder zweimal wenden, um sicherzustellen, dass sie gleichmäßig garen und nicht anbrennen.
7. Aus dem Ofen nehmen und kurz abkühlen lassen. Guten Appetit.

Rote Beete-Hummus

Zubereitungszeit: 20 Minuten
Portionen: 1 Person

Zutaten:

- 100 g vorgekochte Rote Beete, gewürfelt
- 60 g Kichererbsen aus der Dose, abgetropft und abgespült
- 1 EL natives Olivenöl extra
- 1 TL Kreuzkümmel, gemahlen
- 1 TL Bio-Zitronensaft, frisch gepresst
- 1 kleine Knoblauchzehe, fein gehackt
- Salz und Pfeffer nach Geschmack
- Einige Sesamkörner
- Ein wenig Petersilie, fein gehackt

Zubereitung:

1. Gib die Rote Beete, die Kichererbsen, das Olivenöl, den Kreuzkümmel, den Zitronensaft und den Knoblauch in eine Küchenmaschine oder einen Mixer.

2. Püriere alles zu einer gleichmäßigen Masse. Wenn der Hummus zu fest ist, kannst du ein wenig Wasser hinzufügen, um die gewünschte Konsistenz zu erreichen.

3. Schmecke mit Salz und Pfeffer ab und gib den Hummus in eine Schüssel.

4. Streue zum Schluss einige Sesamkörner und die gehackte Petersilie darüber. Guten Appetit.

Spinat-Kichererbsen-Pfannkuchen

Zubereitungszeit: 25 Minuten
Portionen: 1 Person

Zutaten:

- 100 g frischer Spinat, gewaschen und grob gehackt
- 70 g Kichererbsenmehl
- 1 TL Backpulver
- 1 EL natives Olivenöl extra
- 200 ml Wasser
- 1 kleine rote Zwiebel, fein gewürfelt
- 1 TL Kreuzkümmel, gemahlen
- 1/2 TL Kurkuma, gemahlen
- Salz und Pfeffer nach Geschmack
- 2 EL Sonnenblumenkerne

Zubereitung:

1. In einer Schüssel das Kichererbsenmehl, Backpulver, Kreuzkümmel, Kurkuma, Salz und Pfeffer vermengen. Wasser hinzufügen und alles zu einem glatten Teig rühren.

2. Den gehackten Spinat und die gewürfelte rote Zwiebel unter den Teig heben und alles gut vermischen.

3. Eine Pfanne auf mittlerer Hitze erhitzen und das Olivenöl hineingeben. Sobald das Öl heiß ist, pro Pfannkuchen eine kleine Kelle Teig in die Pfanne geben und verteilen.

4. Die Pfannkuchen von jeder Seite 2-3 Minuten goldbraun braten, bis sie fest und gut durchgegart sind.

5. Die fertigen Pfannkuchen auf einen Teller legen und mit Sonnenblumenkernen bestreuen. Guten Appetit.

Zucchinichips mit Meersalz

Zubereitungszeit: 25 Minuten
Portionen: 1 Person

Zutaten:

- 1 mittelgroße Zucchini, in sehr dünne Scheiben geschnitten
- 1 EL natives Olivenöl extra
- 1/2 TL Meersalz
- Eine Prise Paprikapulver, edelsüß
- Eine Prise schwarzer Pfeffer, frisch gemahlen
- 1 TL Bio-Zitronensaft

Zubereitung:

1. Heize deinen Backofen auf 180 Grad vor. Lege ein Backblech mit Backpapier aus.

2. Gib die dünn geschnittenen Zucchinischeiben in eine Schüssel. Füge das Olivenöl und den Zitronensaft hinzu und vermische alles gut, damit jede Scheibe gut mit Öl und Saft bedeckt ist.

3. Verteile die Zucchinischeiben gleichmäßig auf dem Backblech, sodass sie sich nicht überlappen.

4. Bestreue die Zucchinischeiben gleichmäßig mit Meersalz, Paprikapulver und frisch gemahlenem schwarzen Pfeffer.

5. Backe die Zucchinischeiben im vorgeheizten Backofen für etwa 10-15 Minuten oder bis sie goldbraun und knusprig sind. Achte darauf, dass sie nicht verbrennen!

6. Nimm die Chips aus dem Ofen und lass sie auf dem Blech auskühlen. Guten Appetit.

Desserts

Schokoladen-Avocado-Mousse

Zubereitungszeit: 10 Minuten
Portionen: 1 Person

Zutaten:

- 1 reife Avocado, halbiert und entkernt
- 50 g dunkle vegane Schokolade, geschmolzen
- 2 EL Agavendicksaft
- 1 EL Kakao
- 50 ml Kokosmilch, ungesüßt
- Eine Prise Salz
- 1/2 TL Vanilleextrakt

Zubereitung:

1. Schäle die Avocado und gib das Fruchtfleisch in einen Mixer.
2. Füge die geschmolzene Schokolade, den Kakao, den Agavendicksaft, die Kokosmilch, den Vanilleextrakt und die Prise Salz hinzu.
3. Mixe alles gut durch, bis eine glatte und cremige Masse entsteht. Sollte die Mousse zu fest sein, kannst du noch ein wenig mehr Kokosmilch hinzufügen.
4. Probiere die Mousse und füge bei Bedarf noch mehr Agavendicksaft oder Kakao hinzu, je nachdem, wie süß oder schokoladig du sie magst.
5. Fülle die Mousse in eine Schale und lass sie für etwa 30 Minuten im Kühlschrank fest werden.
6. Zum Schluss kannst du die Mousse noch mit etwas Kakao bestäuben oder ein paar Früchte deiner Wahl dazu geben. Guten Appetit.

Mango-Kokos-Pudding

Zubereitungszeit: 15 Minuten
Portionen: 1 Person

Zutaten:

- 1 reife Mango, geschält und gewürfelt
- 100 ml Kokosmilch, ungesüßt
- 2 EL Agavendicksaft
- 1 TL gemahlene Vanille
- 1 EL Chiasamen
- 1 Prise Salz
- Einige gehackte Pistazien

Zubereitung:

1. Die Mango in einen Mixer geben und zu einem feinen Püree verarbeiten.

2. Das Mangopüree in eine Schüssel geben. Kokosmilch, Agavendicksaft und gemahlene Vanille hinzufügen und gut verrühren.

3. Nun die Chiasamen und die Prise Salz hinzugeben. Alles gründlich vermengen, damit die Chiasamen beginnen, Flüssigkeit aufzunehmen und zu quellen.

4. Die Mischung in ein Dessertglas oder eine Schale füllen und mindestens 30 Minuten im Kühlschrank fest werden lassen.

5. Zum Schluss mit ein paar gehackten Pistazien bestreuen. Guten Appetit.

Beeren-Tofu-Creme

Zubereitungszeit: 15 Minuten
Portionen: 1 Person

Zutaten:

- 150 g Seidentofu, gut abgetropft
- 100 g gemischte Beeren (z.B. Himbeeren, Blaubeeren, Erdbeeren), gewaschen und geputzt
- 2 EL Agavensirup oder Ahornsirup
- 1 TL Vanilleextrakt
- Eine Prise Salz
- Einige Minzblätter, fein gehackt

Zubereitung:

1. Nimm eine Schüssel und zerdrücke den Seidentofu mit einer Gabel, bis er eine cremige Konsistenz erhält.

2. Füge den Agavensirup, Vanilleextrakt und eine Prise Salz hinzu und verrühre alles gut miteinander.

3. Nimm nun die Hälfte der Beeren und püriere sie in einem Mixer oder mit einem Pürierstab. Die andere Hälfte der Beeren wird später als Dekoration benötigt.

4. Mische das Beerenpüree unter die Tofucreme, bis eine gleichmäßige Masse entsteht.

5. Serviere die Beeren-Tofu-Creme in einer Schale oder einem Glas. Dekoriere mit den restlichen Beeren und streue die gehackten Minzblätter darüber.

6. Stelle die Creme vor dem Verzehr für etwa 15 Minuten in den Kühlschrank. Guten Appetit.

Bananeneis mit Erdnussbutter

Zubereitungszeit: 15 Minuten
Portionen: 1 Person

Zutaten:

- 2 reife Bananen, in Scheiben geschnitten und gefroren
- 2 EL cremige Erdnussbutter
- 1 EL Ahornsirup
- 1 TL Vanilleextrakt
- Eine Prise Salz
- 1 EL gehackte Erdnüsse
- Einige frische Minzblätter

Zubereitung:

1. Die Bananenscheiben aus dem Gefrierfach nehmen und einige Minuten antauen lassen, damit sie sich leichter pürieren lassen.

2. In einem leistungsstarken Mixer oder einer Küchenmaschine die gefrorenen Bananenscheiben zusammen mit der Erdnussbutter, dem Ahornsirup, Vanilleextrakt und der Prise Salz hinzufügen. Solange mixen, bis eine glatte und cremige Konsistenz entsteht. Je nach Mixer kann dies einige Minuten dauern.

3. Sollte die Mischung zu fest sein, kannst du einen kleinen Schluck Wasser hinzufügen, um die gewünschte Konsistenz zu erreichen.

4. Das fertige Eis in eine Schüssel geben und mit den gehackten Erdnüssen und Minzblättern garnieren. Guten Appetit.

Dattel-Schoko-Trüffel

Zubereitungszeit: 20 Minuten
Portionen: 1 Person

Zutaten:

- 5 entkernte Datteln, grob gehackt
- 20 g dunkle vegane Schokolade, grob zerbrochen
- 1 EL Ahornsirup
- 10 g Kokosraspeln
- 5 g Kakaopulver
- Eine Prise Salz

Zubereitung:

1. Gib die Datteln in eine kleine Schüssel und übergieße sie mit kochendem Wasser. Lass sie 10 Minuten einweichen, bis sie weich sind.

2. Während die Datteln einweichen, schmelze die dunkle vegane Schokolade in einer mikrowellengeeigneten Schüssel. Dies dauert in der Regel 1-2 Minuten bei mittlerer Leistung, aber behalte sie im Auge, um ein Anbrennen zu verhindern.

3. Gieße das Wasser aus den Datteln ab und gib sie zusammen mit der geschmolzenen Schokolade, dem Ahornsirup und einer Prise Salz in eine Küchenmaschine. Mixe, bis eine gleichmäßige, klebrige Masse entsteht.

4. Mit leicht angefeuchteten Händen forme kleine Kugeln aus der Masse. Dies sollte für ungefähr 5 Trüffel ausreichen.

5. Mische in einer kleinen Schüssel die Kokosraspeln und das Kakaopulver. Rolle dann jeden Trüffel in der Mischung, bis er rundherum bedeckt ist.

6. Lege die Trüffel auf einen Teller und stelle sie für 15 Minuten in den Kühlschrank, damit sie fest werden. Guten Appetit.

Apfel-Zimt-Crumble

Zubereitungszeit: 15 Minuten
Portionen: 1 Person

Zutaten:

- 1 Apfel, gewürfelt
- 1 TL Zimt
- 2 EL Kokosöl, geschmolzen
- 2 EL Haferflocken
- 1 EL Ahornsirup
- 2 EL Mandeln, grob gehackt
- Eine Prise Salz

Zubereitung:

1. Heize deinen Backofen auf 180 Grad vor.

2. Nimm eine kleine Backform oder eine hitzebeständige Dessertschale und verteile die gewürfelten Äpfel gleichmäßig auf dem Boden.

3. Streue den Zimt über die Apfelstücke und vermische alles gut miteinander.

4. In einer kleinen Schüssel vermischt du das geschmolzene Kokosöl, Haferflocken, Ahornsirup und die gehackten Mandeln. Füge eine Prise Salz hinzu und rühre alles gut durch, bis eine krümelige Masse entsteht.

5. Verteile die Haferflocken-Mischung gleichmäßig über die Äpfel in der Backform oder Dessertschale.

6. Setze die Form in den vorgeheizten Ofen und backe den Crumble etwa 10 Minuten, oder bis die Oberfläche goldbraun und knusprig ist.

7. Lass den Crumble ein paar Minuten abkühlen. Serviere ihn am besten mit einem Klecks veganem Vanilleeis oder Joghurt. Guten Appetit.

Hirse-Pudding mit Kirschen

Zubereitungszeit: 25 Minuten
Portionen: 1 Person

Zutaten:

- 50 g Hirse, gut gespült und abgetropft
- 250 ml Kokosmilch, unge-süßt
- 2 EL Ahornsirup oder Aga-vendicksaft
- 1 Prise Salz
- 1/2 TL Vanilleextrakt
- 70 g Kirschen, entsteint und halbiert
- 1 EL Kokosflocken
- 1 TL Chiasamen
- 1 Prise Zimt

Zubereitung:

1. Gib die gewaschene Hirse zusammen mit der Kokosmilch und einer Prise Salz in einen kleinen Topf. Setze diesen auf mittlere Hitze und lass die Mischung zum Kochen kommen.

2. Reduziere die Hitze und lass die Hirse unter gelegentlichem Rühren 15 Minuten köcheln, bis sie weich und die Kokosmilch fast vollständig absorbiert ist.

3. Füge den Ahornsirup oder Agavendicksaft sowie den Vanilleextrakt hinzu und rühre gut um. Koche weiter, bis du eine cremige Konsistenz erhältst.

4. Nimm den Topf vom Herd und lasse den Pudding etwas abkühlen.

5. Während der Pudding abkühlt, röste die Kokosflocken in einer kleinen Pfanne ohne Öl an, bis sie goldbraun sind.

6. Serviere den Pudding in einer Schale oder einem tiefen Teller. Verteile die halbierten Kirschen darüber und bestreue das Ganze mit den gerösteten Kokosflocken, Chiasamen und einer Prise Zimt. Guten Appetit.

Chia-Schokoladen-Pudding

Zubereitungszeit: 15 Minuten
Portionen: 1 Person

Zutaten:

- 2 EL Chiasamen
- 150 ml Mandelmilch, unge-süßt
- 1 EL Kakaopulver
- 1 EL Ahornsirup
- Eine Prise Salz
- Ein kleines Stück frische Va-nilleschote (Innere ausge-kratzt)
- Einige gehackte vegane Schokoladenstückchen

Zubereitung:

1. Nimm zuerst eine kleine Schüssel und gib die Chiasamen hinein.

2. In einem separaten Behälter mischst du die Mandelmilch, das Kakao-pulver, den Ahornsirup, das Salz und das Vanillemark gründlich mitei-nander, bis eine gleichmäßige Flüssigkeit entsteht.

3. Gieße diese Mischung nun über die Chiasamen und rühre alles gut durch, damit sich keine Klumpen bilden.

4. Lass die Mischung für etwa 10 Minuten stehen, damit die Chiasamen aufquellen und der Pudding fest wird. Während dieser Zeit kannst du gelegentlich umrühren, um sicherzustellen, dass alles gut vermischt bleibt.

5. Nach der Wartezeit gibst du den Pudding in dein Lieblingsdessertglas oder eine kleine Schale. Bestreue den Pudding mit einigen gehackten veganen Schokoladenstückchen. Guten Appetit.

Zitronen-Basilikum-Sorbet

Zubereitungszeit: 15 Minuten
Portionen: 1 Person

Zutaten:

- 1 Bio-Zitrone, gepresst und Schale abgerieben
- 50 g Zucker
- 100 ml Wasser
- 10 frische Basilikumblätter, fein gehackt
- 1 EL Agavensirup
- Eine Prise Salz

Zubereitung:

1. In einem kleinen Topf Wasser und Zucker auf mittlerer Hitze erhitzen, bis der Zucker sich aufgelöst hat.

2. Den Topf vom Herd nehmen und den frisch gepressten Zitronensaft, Zitronenschale, fein gehackten Basilikum und Agavensirup hinzufügen. Alles gut umrühren.

3. Die Mischung mit einer Prise Salz abschmecken und etwas abkühlen lassen.

4. Nachdem die Mischung abgekühlt ist, gib sie in eine flache, gefriergeeignete Form und stelle sie für mindestens 3 Stunden in den Gefrierschrank. Rühre alle 30 Minuten mit einer Gabel um, um eine gleichmäßige Konsistenz zu gewährleisten.

5. Wenn das Sorbet fest ist, nimm es aus dem Gefrierschrank und lasse es 5 Minuten stehen. Mit einem Löffel Portionen formen und servieren. Guten Appetit.

Kokos-Bananen-Kuchen

Zubereitungszeit: 20 Minuten
Portionen: 1 Person

Zutaten:

- 1 reife Banane, geschält und zerdrückt
- 50 g Kokosraspeln
- 50 g Dinkelmehl
- 1 TL Backpulver
- 2 EL Kokosnussöl, geschmolzen
- 1 EL Ahornsirup
- 1 TL Vanilleextrakt
- Eine Prise Salz
- 50 ml Kokosmilch, ungesüßt
- 1 EL Kakaopulver

Zubereitung:

1. Den Backofen auf 180 Grad vorheizen.

2. In einer Schüssel die zerdrückte Banane, geschmolzenes Kokosnussöl, Ahornsirup und Vanilleextrakt miteinander vermengen.

3. In einer anderen Schüssel das Dinkelmehl, Kokosraspeln, Backpulver, Kakaopulver und Salz vermischen.

4. Die trockenen Zutaten zu den feuchten Zutaten hinzufügen und gut vermischen.

5. Kokosmilch hinzugeben und alles zu einem glatten Teig verrühren.

6. Den Teig in eine kleine, gefettete Backform geben und im vorgeheizten Ofen für ca. 15 Minuten backen oder bis ein Zahnstocher sauber herauskommt.

7. Den Kuchen aus dem Ofen nehmen und auf einem Kuchengitter abkühlen lassen. Guten Appetit.

Brote und Brötchen

Buchweizen-Oliven-Brötchen

Zubereitungszeit: 30 Minuten
Portionen: 2 Brötchen

Zutaten:

- 100 g Buchweizenmehl
- 50 ml warmes Wasser
- 1 TL Backpulver
- 1 EL natives Olivenöl extra
- 1 TL Salz
- 6 grüne Oliven, entsteint und fein gehackt
- 1 kleine Frühlingszwiebel, fein gehackt
- 1 TL getrockneter Rosmarin

Zubereitung:

1. Heize den Ofen auf 180 Grad vor.
2. In einer Schüssel mischst du das Buchweizenmehl mit dem Backpulver und Salz.
3. Gib das warme Wasser und das Olivenöl hinzu und rühre, bis ein glatter Teig entsteht.
4. Füge die fein gehackten Oliven und die Frühlingszwiebel hinzu. Verrühre alles sorgfältig.
5. Mische nun den getrockneten Rosmarin unter den Teig.
6. Teile den Teig in zwei gleich große Portionen und forme mit deinen Händen zwei Brötchen.
7. Lege sie auf ein mit Backpapier ausgelegtes Backblech.
8. Backe die Brötchen im vorgeheizten Ofen für etwa 20 Minuten oder bis sie goldbraun sind und sich fest anfühlen.
9. Lass die Brötchen auf einem Kuchengitter kurz auskühlen. Guten Appetit.

Dinkel-Vollkornbrot

Zubereitungszeit: 60 Minuten
Portionen: 1 kleines Brot

Zutaten:

- 250 g Dinkelvollkornmehl
- 5 g frische Hefe
- 200 ml lauwarmes Wasser
- 1 TL Salz
- 1 EL Chiasamen
- 1 EL Sonnenblumenkerne
- 1 TL Agavendicksaft

Zubereitung:

1. In einer großen Schüssel das Dinkelvollkornmehl sieben.

2. In einem kleinen Gefäß die Hefe mit einem Teil des lauwarmen Wassers und dem Agavendicksaft auflösen. Die Mischung 5 Minuten ruhen lassen, bis sie anfängt zu schäumen.

3. Die Hefemischung in die Schüssel mit dem Mehl geben. Das restliche Wasser und das Salz hinzufügen und alles gründlich vermengen. Du solltest einen geschmeidigen, leicht klebrigen Teig erhalten.

4. Den Teig auf eine leicht bemehlte Arbeitsfläche geben und ca. 5 Minuten lang kneten. Du kannst zusätzliches Mehl hinzufügen, wenn der Teig zu klebrig ist.

5. Die Chiasamen und Sonnenblumenkerne unter den Teig kneten, bis sie gut verteilt sind.

6. Den Teig zu einer Kugel formen und in die Schüssel zurücklegen. Mit einem sauberen Tuch abdecken und an einem warmen Ort etwa 30 Minuten gehen lassen.

7. Den Backofen auf 200 Grad vorheizen.

8. Den Teig nochmals kurz durchkneten und in die gewünschte Brotform bringen. Mit einem scharfen Messer einige Schnitte auf der Oberfläche des Brotes machen.

9. Das Brot im vorgeheizten Backofen ca. 30-35 Minuten backen, bis es goldbraun ist und hohl klingt, wenn du darauf klopfst.

10. Das Brot aus dem Ofen nehmen und auf einem Gitter abkühlen lassen. Guten Appetit.

Kürbiskern-Fladenbrot

Zubereitungszeit: 30 Minuten
Portionen: 1 Fladenbrot

Zutaten:

- 100 g Weizenmehl
- 1 TL Backpulver
- 1 Prise Salz
- 50 ml Wasser
- 1 EL natives Olivenöl extra
- 2 EL Kürbiskerne, grob gehackt
- 1 TL Kräuter der Provence

Zubereitung:

1. In einer Schüssel das Mehl, das Backpulver und das Salz miteinander vermengen.

2. Wasser und Olivenöl hinzugeben und zu einem glatten Teig verkneten.

3. Den Teig auf einer bemehlten Arbeitsfläche zu einem runden Fladen von etwa 25 cm Durchmesser ausrollen.

4. Den Fladenbrotteig mit den gehackten Kürbiskernen bestreuen und leicht andrücken. Die Kräuter der Provence gleichmäßig über den Teig verteilen.

5. Eine Pfanne ohne Öl erhitzen und den Fladen darin bei mittlerer Hitze von jeder Seite ca. 4-5 Minuten goldbraun backen, bis er knusprig und durchgebacken ist.

6. Das fertige Fladenbrot aus der Pfanne nehmen und auf einem Gitter oder einem Teller etwas abkühlen lassen. Guten Appetit.

Sesam-Knäckebrot

Zubereitungszeit: 15 Minuten
Portionen: 2 Knäckebrote

Zutaten:

- 70 g Vollkornmehl
- 30 g Sesamsamen, geröstet
- 1 TL Chiasamen
- 1 TL Salz
- 1 EL natives Olivenöl extra
- 60 ml Wasser
- Eine Prise schwarzer Pfeffer, gemahlen
- 1/2 TL Paprikapulver, edelsüß

Zubereitung:

1. Heize deinen Backofen auf 180 Grad vor.

2. In einer mittelgroßen Schüssel mische das Vollkornmehl, die gerösteten Sesamsamen, Chiasamen und Salz gut durch.

3. Gib das Olivenöl und Wasser hinzu und rühre alles zu einem glatten Teig.

4. Würze den Teig mit dem schwarzen Pfeffer und Paprikapulver. Rühre erneut, bis alles gut vermischt ist.

5. Teile den Teig in zwei gleich große Portionen und forme ihn jeweils zu einer runden oder eckigen Fladenform. Die Dicke sollte dabei ungefähr 3-4 mm betragen.

6. Lege die beiden Teigfladen auf ein mit Backpapier ausgelegtes Backblech.

7. Backe das Knäckebrot für etwa 20 Minuten im Ofen, bis es fest und leicht goldbraun ist.

8. Nimm das Knäckebrot aus dem Ofen und lasse es auf einem Rost komplett abkühlen. Guten Appetit.

Haferflocken-Bananen-Brot

Zubereitungszeit: 35 Minuten
Portionen: 1 kleines Brot

Zutaten:

- 100 g grobe Haferflocken
- 1 reife Banane, zerdrückt
- 30 g Walnüsse, gehackt
- 2 EL Ahornsirup
- 1 EL Kokosöl, geschmolzen
- 1/2 TL Backpulver
- Eine Prise Salz
- 50 ml Mandelmilch, ungesüßt
- 1 TL Vanilleextrakt
- 1 EL Leinsamen, gemahlen und mit 3 EL Wasser vermischt

Zubereitung:

1. Beginne damit, deinen Backofen auf 180 Grad vorzuheizen. Währenddessen eine kleine Kastenform mit etwas Kokosöl einfetten.

2. In einer Schüssel die zerdrückte Banane, Ahornsirup, geschmolzenes Kokosöl und Vanilleextrakt gut vermengen.

3. In einer separaten Schüssel Haferflocken, gehackte Walnüsse, Backpulver und Salz zusammengeben und gut mischen.

4. Nun die Bananenmischung zu den trockenen Zutaten hinzufügen und gut umrühren. Die Mandelmilch und den Leinsamen-Ei-Ersatz hinzugeben und alles zu einem glatten Teig verrühren.

5. Den Teig in die vorbereitete Kastenform füllen und für etwa 25 Minuten backen, oder bis ein eingeführter Zahnstocher sauber herauskommt.

6. Das Brot aus dem Ofen nehmen und auf einem Gitter vollständig auskühlen lassen.

7. Das Brot in Scheiben schneiden. Guten Appetit.

Rosinen-Haselnuss-Brot

Zubereitungszeit: 35 Minuten
Portionen: 1 kleines Brot

Zutaten:

- 120 g Weizenmehl
- 1 TL Backpulver
- 1 TL Zucker
- Eine Prise Salz
- 60 ml Wasser
- 30 g Rosinen, gewaschen und abgetropft
- 40 g Haselnüsse, grob gehackt
- 1 EL Sonnenblumenöl

Zubereitung:

1. Heize deinen Ofen auf 180 Grad vor.
2. In einer Schüssel Weizenmehl, Backpulver, Zucker und Salz vermischen.
3. Füge langsam das Wasser hinzu und knete den Teig, bis er geschmeidig ist.
4. Gib die Rosinen und Haselnüsse hinzu und knete erneut, bis alles gut verteilt ist.
5. Forme den Teig zu einem kleinen Brotlaib und lege ihn auf ein mit Backpapier ausgelegtes Backblech.
6. Bepinsel die Oberfläche des Brotlaibs mit Sonnenblumenöl, damit er während des Backens eine schöne goldbraune Farbe bekommt.
7. Backe das Brot im vorgeheizten Ofen für etwa 25 Minuten oder bis es goldbraun ist und beim Klopfen auf die Unterseite hohl klingt.
8. Lass das Brot einige Minuten auf einem Kuchengitter auskühlen, bevor du es in Scheiben schneidest. Guten Appetit.

Chia-Quinoa-Brot

Zubereitungszeit: 40 Minuten
Portionen: 1 kleines Brot

Zutaten:

- 50 g Quinoa, gut gespült und abgetropft
- 15 g Chiasamen
- 120 ml Wasser
- 100 g Vollkornmehl
- 5 g Backpulver
- 2 EL natives Olivenöl extra
- 1 TL Salz
- 1 TL gemahlener Kreuzkümmel
- 1 Handvoll gehackte Petersilie

Zubereitung:

1. Den Backofen auf 180 Grad vorheizen.

2. Quinoa in einem kleinen Topf mit 240 ml Wasser zum Kochen bringen. Die Hitze reduzieren und 15 Minuten köcheln lassen, bis das Wasser aufgesogen ist. Vom Herd nehmen und abkühlen lassen.

3. In einer Schüssel Chiasamen mit 120 ml Wasser mischen und 10 Minuten quellen lassen, bis eine gelartige Konsistenz entsteht.

4. Das abgekühlte Quinoa, Chia-Gel, Vollkornmehl, Backpulver, Olivenöl, Salz und Kreuzkümmel in einer großen Schüssel vermengen. Alles gut durchkneten, bis ein geschmeidiger Teig entsteht.

5. Die gehackte Petersilie unter den Teig mischen.

6. Eine kleine Backform mit etwas Olivenöl einfetten. Den Teig hineingeben und gleichmäßig verteilen.

7. Das Brot im vorgeheizten Backofen 20-25 Minuten backen, bis es goldbraun ist und beim Klopfen auf die Unterseite hohl klingt.

8. Das Brot aus dem Ofen nehmen und auf einem Gitter auskühlen lassen. Guten Appetit.

Mohn-Zwiebel-Brötchen

Zubereitungszeit: 30 Minuten
Portionen: 2 Brötchen

Zutaten:

- 100 g Weizenmehl
- 1 TL Trockenhefe
- 60 ml lauwarmes Wasser
- 1 TL Salz
- 1 EL natives Olivenöl extra
- 1 kleine Zwiebel, fein gewürfelt
- 1 EL Mohnsamen

Zubereitung:

1. Gib das lauwarme Wasser in eine Schüssel und rühre die Trockenhefe hinein. Lass die Mischung für etwa 5 Minuten stehen, bis sie leicht schäumt.

2. Füge das Weizenmehl und Salz zur Hefemischung hinzu. Knete alles zu einem geschmeidigen Teig.

3. Drücke den Teig leicht flach und verteile die gewürfelte Zwiebel darauf. Falte den Teig mehrmals, sodass die Zwiebeln gleichmäßig im Teig verteilt sind.

4. Forme den Teig zu einer Kugel und lasse ihn in der Schüssel, abgedeckt mit einem sauberen Tuch, für etwa 15 Minuten gehen.

5. Teile den Teig in zwei gleich große Portionen und forme daraus Brötchen. Leg sie auf ein mit Backpapier ausgelegtes Backblech.

6. Pinsle die Oberfläche der Brötchen mit etwas Olivenöl ein und bestreue sie gleichmäßig mit Mohnsamen.

7. Heize den Ofen auf 220 Grad vor. Backe die Brötchen für 15-20 Minuten oder bis sie goldbraun sind.

8. Lass die Brötchen auf einem Gitter auskühlen. Guten Appetit.

Sonnenblumenkernbrot

Zubereitungszeit: 50 Minuten
Portionen: 1 kleines Brot

Zutaten:

- 150 g Vollkornmehl
- 60 g Sonnenblumenkerne, grob gehackt
- 1 EL Chiasamen
- 1 TL Backpulver
- 1/4 TL Salz
- 150 ml Wasser
- 2 EL natives Olivenöl extra
- 1 EL Agavendicksaft

Zubereitung:

1. Heize deinen Ofen auf 200 Grad vor.

2. In einer Schüssel vermischt du das Vollkornmehl, die Sonnenblumenkerne, Chiasamen, Backpulver und Salz. Mische alles gut durch.

3. In einer separaten Schüssel verrührst du das Wasser, Olivenöl und den Agavendicksaft. Gib diese Flüssigkeit nun zu den trockenen Zutaten und vermenge alles zu einem geschmeidigen Teig.

4. Forme den Teig zu einem kleinen Brotlaib und lege ihn auf ein mit Backpapier ausgelegtes Backblech.

5. Backe das Brot für etwa 40 Minuten oder bis es eine goldbraune Kruste hat und beim Klopfen auf den Boden hohl klingt.

6. Lass das Brot vor dem Anschneiden ein wenig abkühlen. Guten Appetit.

Roggen-Walnuss-Brot

Zubereitungszeit: 50 Minuten
Portionen: 1 kleines Brot

Zutaten:

- 150 g Roggenmehl
- 75 ml warmes Wasser
- 1/2 TL Trockenhefe
- 1/2 TL Salz
- 1 EL Ahornsirup
- 30 g Walnüsse, grob gehackt
- 1 EL Sonnenblumenkerne
- 1 TL Leinsamen, geschrotet
- 1 TL Chiasamen

Zubereitung:

1. In einer großen Schüssel das Roggenmehl mit der Trockenhefe und dem Salz vermengen.

2. Das warme Wasser und den Ahornsirup hinzufügen und alles zu einem glatten Teig verrühren.

3. Walnüsse, Sonnenblumenkerne, geschrotete Leinsamen und Chiasamen in den Teig einarbeiten und gut durchmischen.

4. Den Teig abdecken und an einem warmen Ort für etwa 30 Minuten gehen lassen, bis er sich in der Größe verdoppelt hat.

5. In der Zwischenzeit den Ofen auf 200 Grad vorheizen. Den gegangenen Teig in eine kleine, mit Backpapier ausgelegte, Kastenform geben und die Oberfläche leicht mit Roggenmehl bestäuben.

6. Das Brot im vorgeheizten Ofen für etwa 20-25 Minuten backen, bis es goldbraun ist und beim Klopfen auf die Unterseite hohl klingt.

7. Das Brot aus dem Ofen nehmen, aus der Form stürzen und auf einem Gitter vollständig abkühlen lassen. Guten Appetit.

Hirse-Kokos-Brötchen

Zubereitungszeit: 30 Minuten
Portionen: 2 Brötchen

Zutaten:

- 50 g Hirse, gut gespült und abgetropft
- 20 g Kokosraspeln
- 120 ml Wasser
- 15 g Chiasamen
- 45 ml Wasser (zusätzlich für die Chiasamen)
- 1 TL Backpulver
- Eine Prise Salz
- 1 EL Ahornsirup
- 1 EL Kokosöl, geschmolzen
- 70 g Vollkornmehl

Zubereitung:

1. Beginne damit, die Chiasamen in 45 ml Wasser für etwa 10 Minuten einzuweichen, bis eine gelartige Konsistenz entsteht.

2. Währenddessen koche die Hirse in 120 ml Wasser nach Packungsanleitung, bis sie weich ist.

3. In einer Schüssel vermische die gekochte Hirse, Chiasamen-Gel, Kokosraspeln, Backpulver, Salz, Ahornsirup, geschmolzenes Kokosöl und Vollkornmehl. Mische alles gründlich.

4. Teile den Teig in zwei gleiche Portionen und forme sie zu Brötchen.

5. Lege die Brötchen auf ein mit Backpapier ausgelegtes Backblech und backe sie im vorgeheizten Ofen bei 180 Grad für 15-20 Minuten oder bis sie goldbraun sind.

6. Lass die Brötchen vor dem Verzehr kurz abkühlen. Guten Appetit.

Mandel-Zimt-Brot

Zubereitungszeit: 45 Minuten
Portionen: 1 kleines Brot

Zutaten:

- 100 g Vollkornmehl
- 50 g gemahlene Mandeln
- 1 TL Backpulver
- 1/2 TL Salz
- 2 TL Zimtpulver
- 1 EL Chiasamen
- 2 EL Ahornsirup
- 150 ml Wasser
- 1 EL Kokosöl, geschmolzen
- Eine Handvoll gehackte Mandeln zum Bestreuen

Zubereitung:

1. Heize deinen Ofen auf 180 Grad vor.

2. In einer großen Schüssel vermische das Vollkornmehl, die gemahlenen Mandeln, das Backpulver, Salz und Zimtpulver. Rühre alles gut durch.

3. In einer kleineren Schüssel vermische die Chiasamen mit dem Ahornsirup, dem Wasser und dem geschmolzenen Kokosöl. Lass diese Mischung für etwa 5 Minuten stehen, bis die Chiasamen anfangen zu quellen.

4. Füge nun die nasse Mischung zur trockenen Mischung hinzu und vermische alles gut miteinander, bis ein gleichmäßiger Teig entsteht.

5. Fette eine kleine Backform mit etwas Kokosöl ein und fülle den Teig hinein. Glätte die Oberfläche und streue die gehackten Mandeln darüber.

6. Backe das Brot im vorgeheizten Ofen für etwa 30-35 Minuten oder bis ein Zahnstocher, der in die Mitte eingeführt wird, sauber herauskommt.

7. Lass das Brot kurz in der Form abkühlen, bevor du es herausnimmst und vollständig auskühlen lässt. Guten Appetit.

Hirse-Fladenbrot mit Schwarzkümmel

Zubereitungszeit: 20 Minuten
Portionen: 1 Fladenbrot

Zutaten:

- 50 g Hirse, gut gespült und abgetropft
- 120 ml Wasser
- 1 TL Schwarzkümmel
- 1 TL natives Olivenöl extra
- Eine Prise Salz
- 1/4 TL Backpulver
- 30 g Dinkelvollkornmehl

Zubereitung:

1. Gib die gewaschene Hirse mit dem Wasser in einen kleinen Topf und lass sie bei mittlerer Hitze etwa 10 Minuten köcheln, bis sie weich ist. Lass sie anschließend kurz abkühlen.

2. Vermische in einer Schüssel die gekochte Hirse mit dem Mehl, Backpulver und einer Prise Salz. Knete alles zu einem gleichmäßigen Teig.

3. Füge den Schwarzkümmel hinzu und knete nochmals gut durch.

4. Erhitze das Olivenöl in einer Pfanne bei mittlerer Hitze.

5. Forme aus dem Teig einen Fladen und lege ihn vorsichtig in die heiße Pfanne. Brate ihn von beiden Seiten jeweils ca. 2-3 Minuten oder bis er goldbraun ist.

6. Nimm das Fladenbrot aus der Pfanne und lass es auf einem Küchenpapier kurz abtropfen. Guten Appetit.

Oliven-Rosmarin-Brot

Zubereitungszeit: 35 Minuten
Portionen: 1 kleines Brot

Zutaten:

- 125 g Vollkornmehl
- 1 TL Backpulver
- 1 TL Salz
- 1 EL natives Olivenöl extra
- 75 ml Wasser
- 2 EL schwarze Oliven, grob gehackt
- 1 EL frischer Rosmarin, fein gehackt

Zubereitung:

1. Heize deinen Ofen auf 200 Grad vor.

2. In einer mittelgroßen Schüssel das Vollkornmehl, Backpulver und Salz miteinander vermengen.

3. Füge das Olivenöl und Wasser hinzu und knete alles zu einem geschmeidigen Teig. Sollte der Teig zu trocken sein, füge noch ein wenig Wasser hinzu, ist er zu feucht, gib noch etwas Mehl dazu.

4. Sobald der Teig die richtige Konsistenz hat, gib die gehackten Oliven und den Rosmarin dazu und knete alles gut durch, sodass die Zutaten gleichmäßig verteilt sind.

5. Forme den Teig zu einem kleinen Brotlaib und lege ihn auf ein mit Backpapier ausgelegtes Backblech.

6. Backe das Brot im vorgeheizten Ofen für ca. 25 Minuten oder bis es schön goldbraun ist und beim Klopfen auf die Unterseite hohl klingt.

7. Lass das Brot einige Minuten abkühlen, bevor du es in Scheiben schneidest. Guten Appetit.

Apfel-Nussfladen

Zubereitungszeit: 25 Minuten
Portionen: 1 Fladen

Zutaten:

- 1 Apfel, gewaschen und in dünne Scheiben geschnitten
- 50 g gemischte Nüsse (z.B. Walnüsse, Mandeln), grob gehackt
- 100 g Vollkornmehl
- 1 TL Backpulver
- 1 EL Zucker
- 1 Prise Salz
- 80 ml Wasser
- 2 EL natives Olivenöl extra
- 1/2 TL Zimt

Zubereitung:

1. Den Ofen auf 180 Grad vorheizen und ein Backblech mit Backpapier auslegen.

2. In einer Schüssel Vollkornmehl, Backpulver, Zucker und Salz vermischen.

3. Wasser und 1 EL Olivenöl in die Schüssel geben und zu einem geschmeidigen Teig kneten. Sollte der Teig zu trocken sein, noch ein wenig Wasser hinzufügen.

4. Den Teig auf dem Backpapier zu einem Fladen formen, etwa 1 cm dick.

5. Die Apfelscheiben gleichmäßig auf dem Teig verteilen und die gehackten Nüsse darüberstreuen.

6. Das restliche Olivenöl mit dem Zimt vermischen und über den Fladen träufeln.

7. Den Fladen im vorgeheizten Ofen für etwa 15-20 Minuten backen, bis er goldbraun ist und die Ränder knusprig sind.

8. Den Fladen aus dem Ofen nehmen und leicht abkühlen lassen. Guten Appetit.

Suppen

Tomaten-Kokos-Suppe

Zubereitungszeit: 20 Minuten
Portionen: 1 Person

Zutaten:

- 250 g reife Tomaten, gewaschen und geviertelt
- 200 ml Kokosmilch, ungesüßt
- 1 EL Kokosöl
- 1 kleine Zwiebel, fein gehackt
- 1 TL frischer Ingwer, fein gerieben
- 1 kleine Chilischote, entkernt und fein gehackt
- Salz und Pfeffer nach Geschmack
- Einige frische Basilikumblätter, fein gehackt
- 1 TL Bio-Limettensaft

Zubereitung:

1. In einem Topf das Kokosöl erhitzen und die gehackte Zwiebel darin anbraten, bis sie weich und goldbraun wird.

2. Den frisch geriebenen Ingwer und die gehackte Chilischote hinzufügen und alles für etwa 2 Minuten weiterbraten.

3. Die geviertelten Tomaten hinzufügen und mit Salz und Pfeffer würzen. Lass alles für ca. 5 Minuten köcheln, bis die Tomaten weich werden.

4. Die Kokosmilch hinzugießen und die Suppe zum Kochen bringen. Anschließend auf kleiner Flamme für weitere 10 Minuten köcheln lassen.

5. Vom Herd nehmen und mit einem Pürierstab oder Mixer die Suppe pürieren, bis sie schön cremig ist.

6. Zum Schluss den Limettensaft und das fein gehackte Basilikum unterrühren. Nochmals abschmecken und ggf. mit Salz und Pfeffer nachwürzen.

7. In eine Schale geben und servieren. Guten Appetit.

Grünkohlsuppe mit Kartoffeln

Zubereitungszeit: 25 Minuten
Portionen: 1 Person

Zutaten:

- 50 g Grünkohl, gewaschen und grob gehackt
- 100 g Kartoffeln, geschält und gewürfelt
- 1 EL natives Olivenöl extra
- 1 kleine Zwiebel, gewürfelt
- 1 kleine Karotte, geschält und gewürfelt
- 1 TL Paprikapulver, edelsüß
- 1 TL Kurkuma
- 500 ml Gemüsebrühe
- Salz und Pfeffer nach Geschmack
- 1 EL frische Petersilie, gehackt

Zubereitung:

1. In einem mittelgroßen Topf das Olivenöl erhitzen. Die Zwiebel und Karotte darin andünsten, bis sie weich sind.
2. Die gewürfelten Kartoffeln hinzufügen und einige Minuten mit anbraten.
3. Den Grünkohl, Paprikapulver und Kurkuma hinzufügen und kurz mit anbraten.
4. Die Gemüsebrühe angießen und alles zum Kochen bringen. Die Suppe bei niedriger Hitze etwa 15 Minuten köcheln lassen, bis die Kartoffeln weich sind.
5. Mit Salz und Pfeffer abschmecken und vom Herd nehmen.
6. Die Suppe in eine Schüssel geben und mit der gehackten Petersilie garnieren. Guten Appetit.

Zucchini-Curry-Suppe

Zubereitungszeit: 20 Minuten
Portionen: 1 Person

Zutaten:

- 1 mittelgroße Zucchini, gewürfelt
- 1 kleine Zwiebel, fein gehackt
- 1 EL Kokosöl
- 1 TL Currypulver
- 250 ml Gemüsebrühe
- 50 ml Kokosmilch, ungesüßt
- Salz und Pfeffer nach Geschmack
- 1 TL Bio-Limettensaft
- Frischer Koriander, grob gehackt

Zubereitung:

1. Erhitze das Kokosöl in einem mittelgroßen Topf über mittlerer Hitze. Gib die fein gehackte Zwiebel hinzu und dünste sie, bis sie weich ist und leicht goldbraun wird.

2. Füge die gewürfelte Zucchini hinzu und brate sie etwa 5 Minuten lang mit an, bis sie leicht gebräunt ist.

3. Streue das Currypulver über das Gemüse und rühre gut um, damit alles gleichmäßig bedeckt ist.

4. Gieße die Gemüsebrühe und die Kokosmilch in den Topf. Lass alles zum Kochen bringen und dann bei niedriger Hitze 10 Minuten köcheln lassen.

5. Nimm den Topf vom Herd und püriere die Suppe mit einem Stabmixer, bis sie glatt ist.

6. Würze mit Salz, Pfeffer und Limettensaft. Rühre alles gut durch.

7. Garniere die Suppe mit dem grob gehacktem Koriander. Guten Appetit.

Karotten-Ingwer-Suppe

Zubereitungszeit: 20 Minuten
Portionen: 1 Person

Zutaten:

- 150 g Karotten, geschält und in Scheiben geschnitten
- 15 g frischer Ingwer, geschält und fein gehackt
- 250 ml Gemüsebrühe
- 1 EL natives Olivenöl extra
- 1 TL Kreuzkümmel, gemahlen
- 1/2 Bio-Zitrone, der Saft
- Salz und Pfeffer nach Geschmack
- Ein paar frische Korianderblätter, grob gehackt

Zubereitung:

1. Erhitze das Olivenöl in einem Topf. Füge die Karottenscheiben und den gehackten Ingwer hinzu. Brate sie einige Minuten an, bis sie weich, aber nicht braun sind.

2. Gib den Kreuzkümmel hinzu und brate ihn kurz mit an, bis er duftet.

3. Gieße die Gemüsebrühe in den Topf und bringe die Mischung zum Kochen. Lasse die Suppe bei mittlerer Hitze 15 Minuten köcheln.

4. Nachdem die Karotten weich gekocht sind, püriere die Suppe mit einem Stabmixer oder in einem Standmixer, bis sie glatt und cremig ist.

5. Gib den Zitronensaft hinzu und rühre gut um. Schmecke die Suppe mit Salz und Pfeffer ab.

6. Garniere die Suppe mit den grob gehackten Korianderblättern. Guten Appetit.

Champignon-Cremesuppe

Zubereitungszeit: 20 Minuten
Portionen: 1 Person

Zutaten:

- 150 g frische Champignons, geputzt und in Scheiben geschnitten
- 1 kleine Zwiebel, gewürfelt
- 1 EL natives Olivenöl extra
- 250 ml Gemüsebrühe
- 50 ml Kokosmilch, ungesüßt
- 1 TL frischer Thymian, fein gehackt
- Salz und Pfeffer nach Geschmack
- Einige frische Petersilienblätter, fein gehackt

Zubereitung:

1. Erhitze das Olivenöl in einem Topf über mittlerer Hitze. Füge die Zwiebelwürfel hinzu und dünste sie, bis sie weich sind und leicht goldbraun werden.

2. Gib die Champignonscheiben in den Topf und lasse sie einige Minuten anbraten, bis sie ihre Feuchtigkeit verlieren und goldbraun werden.

3. Füge die Gemüsebrühe und den Thymian hinzu und lass die Suppe etwa 10 Minuten köcheln.

4. Nachdem die Champignons weich sind, gib die Kokosmilch in den Topf und rühre gut um. Lass die Suppe weitere 2-3 Minuten köcheln. Schmecke mit Salz und Pfeffer ab.

5. Nimm den Topf vom Herd und püriere die Suppe mit einem Stabmixer, bis sie eine cremige Konsistenz hat.

6. Gieße die Suppe in eine Schüssel und garniere sie mit der frisch gehackten Petersilie. Guten Appetit.

Bohnen-Koriander-Suppe

Zubereitungszeit: 25 Minuten
Portionen: 1 Person

Zutaten:

- 100 g weiße Bohnen, bereits gekocht
- 1 EL natives Olivenöl extra
- 1 kleine Zwiebel, gewürfelt
- 1 kleine Möhre, gewürfelt
- 1 TL frischer Ingwer, fein gehackt
- 1 TL Kreuzkümmel, gemahlen
- 500 ml Gemüsebrühe
- 2 EL frischer Koriander, fein gehackt
- Salz und Pfeffer nach Geschmack
- 1 EL Bio-Zitronensaft
- 1 TL Chiliflocken (optional)

Zubereitung:

1. Erhitze das Olivenöl in einem Topf über mittlerer Hitze. Füge die gewürfelte Zwiebel und Möhre hinzu und dünste sie für etwa 5 Minuten, bis sie weich sind.

2. Gib den frischen Ingwer und Kreuzkümmel in den Topf und lass es für weitere 2 Minuten anbraten.

3. Füge die gekochten weißen Bohnen zur Mischung hinzu und rühre alles gut durch.

4. Gieße die Gemüsebrühe in den Topf und bringe die Suppe zum Kochen. Reduziere die Hitze und lass sie 10 Minuten leicht köcheln.

5. Nach 10 Minuten füge den frisch gehackten Koriander, Zitronensaft, Salz und Pfeffer hinzu. Wenn du es schärfer magst, kannst du jetzt auch die Chiliflocken hinzufügen. Lass alles weitere 5 Minuten köcheln.

6. Püriere die Suppe mit einem Stabmixer oder in einem Standmixer, bis sie eine glatte Konsistenz hat. Falls die Suppe zu dickflüssig ist, kannst du noch etwas Gemüsebrühe hinzufügen, bis sie die gewünschte Konsistenz erreicht.

7. Gib die Suppe in eine Schüssel und garniere nach Belieben! Guten Appetit.

Rote Bete-Kokos-Suppe

Zubereitungszeit: 25 Minuten
Portionen: 1 Person

Zutaten:

- 150 g Rote Bete, gewürfelt
- 1 kleine Zwiebel, fein gehackt
- 1 EL Kokosöl
- 250 ml Kokosmilch, ungesüßt
- 250 ml Gemüsebrühe
- 1 TL Ingwer, gerieben
- 1 EL Bio-Limettensaft
- Salz und Pfeffer nach Geschmack
- Frische Korianderblätter, fein gehackt

Zubereitung:

1. In einem Topf das Kokosöl erhitzen und die fein gehackte Zwiebel darin glasig dünsten. Die gewürfelte Rote Bete hinzufügen und für etwa 5 Minuten mitdünsten, bis sie weicher wird.

2. Den geriebenen Ingwer zum Topf geben und alles kurz umrühren.

3. Mit Gemüsebrühe ablöschen und für 10 Minuten köcheln lassen, bis die Rote Bete weich ist.

4. Die Kokosmilch hinzufügen und die Suppe für weitere 5 Minuten leicht köcheln lassen.

5. Die Suppe vom Herd nehmen, den Limettensaft hinzugeben und mit einem Stabmixer pürieren, bis sie eine glatte Konsistenz hat.

6. Mit Salz und Pfeffer abschmecken und in eine Schüssel gießen.

7. Mit den fein gehackten Korianderblättern garnieren. Guten Appetit.

Kürbis-Orangen-Suppe

Zubereitungszeit: 20 Minuten
Portionen: 1 Person

Zutaten:

- 250 g Hokkaido-Kürbis, gewürfelt
- 1 Bio-Orange, Saft und Abrieb
- 1 Zwiebel, gewürfelt
- 1 EL natives Olivenöl extra
- 1 TL Ingwer, frisch gerieben
- 500 ml Gemüsebrühe
- Salz und Pfeffer nach Geschmack
- 1 TL Kurkuma, gemahlen
- 2 EL Kokosmilch, ungesüßt

Zubereitung:

1. In einem Topf das Olivenöl erhitzen und die gewürfelte Zwiebel darin glasig dünsten.

2. Den gewürfelten Hokkaido-Kürbis und den geriebenen Ingwer hinzufügen und kurz mitdünsten.

3. Mit der Gemüsebrühe ablöschen und zum Kochen bringen.

4. Die Suppe ca. 15 Minuten köcheln lassen, bis der Kürbis weich ist.

5. Nun den Saft und Abrieb der Orange sowie den gemahlenen Kurkuma hinzufügen und gut umrühren.

6. Die Suppe mit einem Pürierstab oder im Mixer fein pürieren, bis sie eine cremige Konsistenz hat.

7. Die Kokosmilch hinzufügen, gut umrühren und nochmals kurz aufkochen lassen.

8. Mit Salz und Pfeffer abschmecken. Guten Appetit.

Spinat-Kokos-Suppe

Zubereitungszeit: 20 Minuten
Portionen: 1 Person

Zutaten:

- 100 g frischer Spinat, gewaschen und grob gehackt
- 200 ml Kokosmilch, ungesüßt
- 1 kleine Zwiebel, fein gewürfelt
- 1 EL Kokosöl
- 1 TL Kurkuma, gemahlen
- 1 TL Ingwer, frisch gerieben
- 200 ml Gemüsebrühe
- Salz und Pfeffer nach Geschmack
- 1 EL Bio-Limettensaft
- Einige frische Korianderblätter, grob gehackt

Zubereitung:

1. Erhitze das Kokosöl in einem mittelgroßen Topf und dünste die Zwiebeln darin an, bis sie weich sind.

2. Füge den geriebenen Ingwer und den Kurkuma hinzu und lasse alles für etwa eine Minute unter Rühren weiter köcheln.

3. Gib nun den Spinat in den Topf und dünste ihn kurz, bis er leicht zusammenfällt.

4. Füge die Kokosmilch und die Gemüsebrühe hinzu. Lass die Suppe bei mittlerer Hitze etwa 10 Minuten köcheln.

5. Würze die Suppe mit Salz, Pfeffer und Limettensaft.

6. Garniere die Suppe mit den grob gehackten Korianderblättern. Guten Appetit.

Kartoffel-Lauch-Creme-Suppe

Zubereitungszeit: 30 Minuten
Portionen: 1 Person

Zutaten:

- 2 mittelgroße Kartoffeln, geschält und gewürfelt
- 1 Stange Lauch, gewaschen und in dünne Ringe geschnitten
- 1 EL natives Olivenöl extra
- 500 ml Gemüsebrühe
- 2 EL Kokosmilch, ungesüßt
- 1 TL Kurkuma
- 1 TL frisch geriebener Ingwer
- Salz und Pfeffer nach Geschmack
- Einige frische Kräuter zum Garnieren (z.B. Petersilie)

Zubereitung:

1. Erhitze das Olivenöl in einem mittelgroßen Topf. Gib den Lauch dazu und dünste ihn an, bis er weich wird.

2. Füge die gewürfelten Kartoffeln hinzu und rühre alles gut um.

3. Gib nun die Gemüsebrühe, Kurkuma und den frisch geriebenen Ingwer hinzu. Lass die Suppe aufkochen und reduziere anschließend die Hitze. Lass sie etwa 20 Minuten köcheln, bis die Kartoffeln weich sind.

4. Nimm den Topf vom Herd und püriere die Suppe mit einem Stabmixer, bis sie eine cremige Konsistenz hat.

5. Füge die Kokosmilch hinzu und rühre gut um. Schmecke die Suppe mit Salz und Pfeffer ab.

6. Erhitze die Suppe erneut, bis sie heiß ist, aber nicht kocht. Fülle sie in eine Schüssel und garniere sie mit frischen Kräutern. Guten Appetit.

Beilagen

Geröster Blumenkohl mit Tahini

Zubereitungszeit: 25 Minuten
Portionen: 1 Person

Zutaten:

- 1 kleiner Blumenkohl (ca. 300 g), in Röschen geteilt
- 2 EL natives Olivenöl extra
- 1 TL Kurkuma
- Salz und Pfeffer nach Geschmack
- 1 EL Tahini (Sesampaste)
- 1 TL Bio-Zitronensaft
- 1 kleine Knoblauchzehe, fein gehackt
- 1 EL Petersilie, fein gehackt
- 2 EL Wasser
- 1 TL Sesamsamen

Zubereitung:

1. Heize deinen Ofen auf 200 Grad vor. Während der Ofen vorheizt, kannst du den Blumenkohl vorbereiten.

2. Gib die Blumenkohlröschen in eine Schüssel. Mische Olivenöl, Kurkuma, Salz und Pfeffer in einer kleinen Schale und träufle es dann über den Blumenkohl. Vermenge alles gut, sodass die Röschen schön mit dem Gewürzöl bedeckt sind.

3. Verteile den Blumenkohl auf einem mit Backpapier ausgelegten Backblech und schiebe es in den Ofen. Lass den Blumenkohl für ca. 20 Minuten rösten, bis er goldbraun und leicht knusprig ist.

4. Während der Blumenkohl im Ofen ist, kannst du die Tahini-Sauce zubereiten. In einer kleinen Schüssel vermengst du Tahini, Zitronensaft, gehackten Knoblauch und Wasser, bis eine glatte Sauce entsteht. Sollte sie zu dick sein, füge einfach ein wenig mehr Wasser hinzu.

5. Wenn der Blumenkohl fertig geröstet ist, nimm ihn aus dem Ofen und gib ihn auf einen Teller. Träufle die Tahini-Sauce darüber und bestreue alles mit der gehackten Petersilie und den Sesamsamen. Guten Appetit.

Bratkartoffeln mit Rosmarin

Zubereitungszeit: 25 Minuten
Portionen: 1 Person

Zutaten:

- 200 g Kartoffeln, gewaschen und in Würfel geschnitten
- 2 EL natives Olivenöl extra
- 1 TL frischer Rosmarin, fein gehackt
- 1 kleine Zwiebel, fein gewürfelt
- 1 TL Meersalz
- 1/2 TL schwarzer Pfeffer, frisch gemahlen
- 1/2 rote Paprika, gewaschen und in kleine Stücke geschnitten
- 1 TL Petersilie, fein gehackt

Zubereitung:

1. Erhitze das Olivenöl in einer Pfanne auf mittlerer Stufe. Gib die Zwiebelwürfel hinzu und brate sie, bis sie goldbraun sind.
2. Gib die Kartoffelwürfel in die Pfanne und brate sie von allen Seiten an, bis sie knusprig und goldbraun sind.
3. Während die Kartoffeln braten, streue den Rosmarin, das Salz und den Pfeffer darüber. Mische alles gut durch, sodass die Kartoffeln gleichmäßig gewürzt sind.
4. Nach etwa 10 Minuten füge die Paprikastücke hinzu und brate alles weitere 5 Minuten, bis auch die Paprika weich und leicht angebraten ist.
5. Schalte den Herd aus und streue die Petersilie über die Bratkartoffeln.
6. Serviere die Bratkartoffeln direkt aus der Pfanne. Guten Appetit.

Quinoa-Pilz-Pfanne

Zubereitungszeit: 20 Minuten
Portionen: 1 Person

Zutaten:

- 50 g Quinoa, gut gespült und abgetropft
- 100 ml Wasser
- 1 EL natives Olivenöl extra
- 150 g frische Champignons, in Scheiben geschnitten
- 1 Frühlingszwiebel, fein gehackt
- 1 TL Sojasauce
- 1 EL frische Petersilie, gehackt
- Salz und Pfeffer nach Geschmack

Zubereitung:

1. Setze das Wasser in einem kleinen Topf auf und bringe es zum Kochen. Gib die Quinoa hinzu und reduziere die Hitze. Lass die Quinoa etwa 15 Minuten köcheln, bis sie das Wasser aufgenommen hat und weich ist. Nimm sie dann vom Herd und setze sie beiseite.

2. Erhitze das Olivenöl in einer Pfanne über mittlerer Hitze. Gib die geschnittenen Champignons hinzu und brate sie, bis sie leicht gebräunt sind.

3. Füge die gehackte Frühlingszwiebel hinzu und brate sie kurz mit den Pilzen an.

4. Gib nun den gekochten Quinoa in die Pfanne und rühre alles gut durch.

5. Würze die Mischung mit Sojasauce, Salz und Pfeffer.

6. Vom Herd nehmen, die gehackte Petersilie darüberstreuen und alles gut vermischen. Guten Appetit.

Süßkartoffelpommes mit Dip

Zubereitungszeit: 35 Minuten
Portionen: 1 Person

Zutaten:

- 1 mittelgroße Süßkartoffel, geschält und in Stifte geschnitten
- 2 EL natives Olivenöl extra
- 1 TL Paprikapulver, edelsüß
- Salz und Pfeffer nach Geschmack
- 1 reife Avocado, entkernt und gewürfelt
- 1 TL Bio-Zitronensaft
- 1 kleine Knoblauchzehe, fein gehackt
- 1 TL Petersilie, fein gehackt

Zubereitung:

1. Den Backofen auf 200 Grad vorheizen und ein Backblech mit Backpapier auslegen.

2. Die geschnittenen Süßkartoffelstifte in eine Schüssel geben, Olivenöl, Paprikapulver, Salz und Pfeffer hinzufügen. Alles gut vermengen, sodass die Stifte gleichmäßig gewürzt sind.

3. Die gewürzten Süßkartoffelstifte gleichmäßig auf dem Backblech verteilen und für 25-30 Minuten backen, bis sie knusprig und goldbraun sind. Während des Backens einmal wenden, damit sie gleichmäßig garen.

4. Während die Pommes backen, den Avocado-Dip zubereiten. Hierfür die gewürfelte Avocado in eine Schüssel geben und mit einer Gabel zerdrücken, bis eine cremige Konsistenz erreicht ist.

5. Den Zitronensaft, den gehackten Knoblauch und die Petersilie zur Avocado hinzufügen und alles gut vermengen. Mit Salz und Pfeffer abschmecken.

6. Sobald die Pommes fertig sind, aus dem Ofen nehmen und zusammen mit dem Avocado-Dip servieren. Guten Appetit.

Zitronen-Orzo mit Petersilie

Zubereitungszeit: 20 Minuten
Portionen: 1 Person

Zutaten:

- 50 g Orzo (Risoni)
- 250 ml Wasser
- 1 TL natives Olivenöl extra
- Saft und Schale von 1/2 Bio-Zitrone
- 2 EL fein gehackte Petersilie
- 1 TL Kapern, abgetropft
- 1 kleine rote Chilischote, entkernt und fein gehackt
- Salz und Pfeffer nach Geschmack

Zubereitung:

1. Das Wasser in einem kleinen Topf zum Kochen bringen. Sobald es kocht, füge eine Prise Salz und den Orzo hinzu. Lass den Orzo etwa 8-10 Minuten kochen, bis er al dente ist.

2. Während der Orzo kocht, kannst du die Zitrone pressen und die Schale abreiben. Achte darauf, nur das gelbe der Schale zu nehmen, das Weiße kann bitter schmecken.

3. Wenn der Orzo fertig gekocht ist, gieße das Wasser ab und gib den Orzo zurück in den Topf. Füge das Olivenöl, den Zitronensaft, die Zitronenschale, die Petersilie, die Kapern und die Chilischote hinzu. Vermenge alles gut miteinander und schmecke es mit Salz und Pfeffer ab.

4. Serviere das Gericht in einer Schüssel oder auf einem Teller. Du kannst ein paar Zitronenscheiben und etwas zusätzliche Petersilie zur Dekoration verwenden. Guten Appetit.

Gegrillte Aubergine mit Miso

Zubereitungszeit: 20 Minuten
Portionen: 1 Person

Zutaten:

- 1 mittelgroße Aubergine, halbiert und in 1 cm dicke Scheiben geschnitten
- 2 EL Miso-Paste (hell oder dunkel, je nach Vorliebe)
- 2 EL natives Olivenöl extra
- 1 EL Agavendicksaft oder Ahornsirup
- 1 TL geriebener Ingwer
- 1 kleine rote Chili, fein gehackt
- 2 EL frischer Koriander, gehackt
- 1 EL geröstete Sesamsamen
- 1 TL Bio-Zitronensaft
- Salz und Pfeffer nach Geschmack

Zubereitung:

1. Heize deinen Grill oder deine Grillpfanne auf mittlere Hitze vor.

2. In einer Schüssel Miso-Paste, Olivenöl, Agavendicksaft, geriebenen Ingwer und gehackte Chili miteinander vermengen, bis eine geschmeidige Marinade entsteht.

3. Die Auberginenscheiben mit Salz und Pfeffer würzen und beidseitig mit der Miso-Marinade bestreichen.

4. Die marinierten Auberginenscheiben auf den heißen Grill legen und von jeder Seite 3-4 Minuten grillen, bis sie goldbraune Grillstreifen haben und weich sind.

5. Die gegrillten Auberginenscheiben auf einen Teller legen. Mit Zitronensaft beträufeln, mit Koriander und Sesamsamen bestreuen. Guten Appetit.

Rosenkohl mit Mandelkruste

Zubereitungszeit: 20 Minuten
Portionen: 1 Person

Zutaten:

- 150 g Rosenkohl, geputzt und halbiert
- 20 g Mandeln, fein gehackt
- 1 EL natives Olivenöl extra
- 1 TL Bio-Zitronensaft
- Salz und Pfeffer nach Geschmack
- 1 TL frische Petersilie, gehackt
- 1 EL Hefeflocken

Zubereitung:

1. Setze einen Topf mit Wasser zum Kochen auf und füge etwas Salz hinzu. Wenn das Wasser kocht, gib den Rosenkohl hinein und blanchiere ihn für ca. 5 Minuten, bis er weich, aber noch bissfest ist. Gieße den Rosenkohl ab und lasse ihn abtropfen.

2. In einer Pfanne das Olivenöl auf mittlerer Hitze erhitzen. Den halbierten Rosenkohl hinzugeben und für etwa 3-4 Minuten anbraten, bis er leicht goldbraun ist.

3. Die gehackten Mandeln und Hefeflocken über den Rosenkohl streuen und alles gut vermengen. Weiter anbraten, bis die Mandeln eine goldene Farbe annehmen.

4. Mit Zitronensaft, Salz und Pfeffer abschmecken und alles gut vermischen. Vom Herd nehmen und in eine Servierschale geben.

5. Mit der gehackten Petersilie bestreuen. Guten Appetit.

Bohnensalat mit Dijon-Senf-Dressing

Zubereitungszeit: 15 Minuten
Portionen: 1 Person

Zutaten:

- 100 g grüne Bohnen, gewaschen und Enden entfernt
- 50 g Kirschtomaten, halbiert
- 1 Frühlingszwiebel, in dünne Ringe geschnitten
- 1 TL Dijon-Senf
- 1 EL natives Olivenöl extra
- 1 TL Weißweinessig
- 1/2 TL Agavensirup
- Salz und Pfeffer nach Geschmack
- Ein paar frische Basilikumblätter, grob gehackt

Zubereitung:

1. Bringe einen kleinen Topf mit Wasser zum Kochen und gib eine Prise Salz hinzu. Gib die grünen Bohnen hinein und koche sie etwa 3-4 Minuten, bis sie gerade zart sind, aber noch Biss haben. Schrecke sie anschließend unter kaltem Wasser ab, um den Garprozess zu stoppen.

2. Während die Bohnen kochen, bereite das Dressing vor. In einer kleinen Schüssel den Dijon-Senf, Olivenöl, Weißweinessig und Agavensirup miteinander verquirlen. Mit Salz und Pfeffer abschmecken.

3. Die abgeschreckten Bohnen in eine Salatschüssel geben. Füge die halbierten Kirschtomaten und die Frühlingszwiebelringe hinzu.

4. Gieße das vorbereitete Dijon-Senf-Dressing über den Bohnensalat und mische alles gut durch, sodass die Zutaten gleichmäßig mit dem Dressing bedeckt sind.

5. Zum Schluss streue die gehackten Basilikumblätter darüber und mische noch einmal alles sanft durch. Guten Appetit.

Gegrillte Paprika

Zubereitungszeit: 20 Minuten
Portionen: 1 Person

Zutaten:

- 1 große rote Paprika, gewaschen und entkernt
- 2 EL natives Olivenöl extra
- 1 TL schwarze Sesamsamen
- 1 Knoblauchzehe, fein gehackt
- Eine Prise Salz
- Eine Prise frisch gemahlener Pfeffer
- Einige Blätter frisches Basilikum, fein gehackt
- 1 EL Bio-Zitronensaft

Zubereitung:

1. Heize deinen Grill oder deine Grillpfanne auf mittlere Hitze vor.

2. Schneide die Paprika in breite Streifen. Bestreiche sie mit einem Esslöffel Olivenöl auf beiden Seiten und streue eine Prise Salz und Pfeffer darüber.

3. Lege die Paprikastreifen auf den Grill und lass sie etwa 4-5 Minuten von jeder Seite grillen, bis sie weich und leicht verkohlt sind. Achte darauf, sie zwischendurch zu wenden.

4. Während die Paprika grillt, kannst du in einer kleinen Schüssel das restliche Olivenöl, den fein gehackten Knoblauch, die Sesamsamen und den Zitronensaft vermengen.

5. Sobald die Paprikastreifen fertig gegrillt sind, lege sie in die Schüssel mit der Olivenöl-Mischung. Mische alles gut durch, sodass die Paprikastreifen gut mit der Mischung überzogen sind.

6. Zum Schluss das fein gehackte Basilikum darüber streuen. Guten Appetit.

Hirse-Pilz-Bällchen

Zubereitungszeit: 30 Minuten
Portionen: 1 Person

Zutaten:

- 80 g Hirse, gut gespült und abgetropft
- 200 ml Wasser
- 150 g frische Champignons, fein gewürfelt
- 1 kleine Zwiebel, fein gewürfelt
- 1 EL natives Olivenöl extra
- 1 TL Salz
- 1/2 TL Pfeffer
- 1 TL Thymian, getrocknet
- 2 EL Semmelbrösel
- 1 EL Petersilie, fein gehackt

Zubereitung:

1. In einem Topf das Wasser zum Kochen bringen. Die Hirse hinzufügen und bei niedriger Hitze für etwa 15 Minuten köcheln lassen, bis das Wasser aufgesogen ist und die Hirse weich ist.

2. Während die Hirse kocht, in einer Pfanne das Olivenöl erhitzen. Zwiebeln und Champignons darin für etwa 5 Minuten dünsten, bis die Zwiebeln weich und die Champignons leicht gebräunt sind.

3. Die gekochte Hirse, die Champignon-Zwiebel-Mischung, Salz, Pfeffer, Thymian, Semmelbrösel und Petersilie in eine Schüssel geben. Alles gut vermischen, bis eine formbare Masse entsteht.

4. Aus der Masse kleine Bällchen formen, etwa in der Größe einer Walnuss.

5. Eine Pfanne mit etwas Olivenöl erhitzen und die Bällchen von allen Seiten goldbraun anbraten. Dies dauert ca. 5-7 Minuten.

6. Die fertigen Bällchen auf einem Teller anrichten und servieren. Guten Appetit.

Gebratene Polenta mit Tomatensalsa

Zubereitungszeit: 25 Minuten
Portionen: 1 Person

Zutaten:

- 50 g Polenta
- 250 ml Gemüsebrühe
- 1 Tomate, gewürfelt
- 1 kleine rote Zwiebel, fein gehackt
- 1/2 kleine grüne Chili, entkernt und fein gehackt
- 1 EL natives Olivenöl extra
- 1 EL frischer Koriander, gehackt
- Saft einer halben Bio-Limette
- Salz und Pfeffer nach Geschmack

Zubereitung:

1. Bring die Gemüsebrühe in einem kleinen Topf zum Kochen. Wenn es kocht, gib langsam die Polenta unter ständigem Rühren hinzu. Verringere die Hitze und lasse sie unter ständigem Rühren etwa 5-7 Minuten köcheln, bis sie eingedickt ist und die Brühe aufgenommen hat. Mit Salz und Pfeffer abschmecken.

2. Gieße die Polenta in eine flache Schale und streiche sie glatt. Lass sie für etwa 10 Minuten abkühlen, bis sie fest wird.

3. In der Zwischenzeit, in einer kleinen Schüssel, vermische die gewürfelten Tomaten, gehackte Zwiebel, Chili, Limettensaft und gehackten Koriander. Mische alles gut und schmecke mit Salz und Pfeffer ab. Setze die Salsa beiseite.

4. Nachdem die Polenta fest geworden ist, schneide sie in 4 gleich große Stücke.

5. Erhitze das Olivenöl in einer Pfanne über mittlerer Hitze. Sobald es heiß ist, füge die Polenta-Stücke hinzu. Brate sie von jeder Seite 3-4 Minuten oder bis sie goldbraun und knusprig sind.

6. Lege die gebratenen Polenta-Stücke auf einen Teller und gib die vorbereitete Tomatensalsa darüber. Guten Appetit.

Würziges Kürbispüree

Zubereitungszeit: 20 Minuten
Portionen: 1 Person

Zutaten:

- 250 g Hokkaido-Kürbis, gewürfelt
- 1 EL natives Olivenöl extra
- 1 kleine Schalotte, fein gewürfelt
- 1 TL Kreuzkümmel, gemahlen
- 1 TL Kurkuma, gemahlen
- 1/2 TL Paprikapulver, edelsüß
- 200 ml Gemüsebrühe
- Salz und Pfeffer nach Geschmack

Zubereitung:

1. Den Kürbis von eventuellen Kernen befreien und in Würfel schneiden.

2. Das Olivenöl in einer Pfanne auf mittlerer Hitze erwärmen. Die fein gewürfelte Schalotte hinzufügen und anbraten, bis sie weich und goldbraun ist.

3. Kürbiswürfel, Kreuzkümmel, Kurkuma und Paprika in die Pfanne geben und alles gut vermengen. Einige Minuten anbraten.

4. Mit Gemüsebrühe aufgießen, den Herd auf niedrige Hitze stellen und den Kürbis köcheln lassen, bis er weich ist (etwa 10-15 Minuten).

5. Sobald der Kürbis weich gekocht ist, mit einem Stabmixer oder in einem Standmixer pürieren, bis ein glattes Püree entsteht.

6. Das Püree mit Salz und Pfeffer abschmecken. Wenn es zu dickflüssig ist, kannst du noch etwas Gemüsebrühe hinzufügen.

7. Das Kürbispüree in eine Schüssel geben und servieren. Guten Appetit.

Schlusswort

Liebe Leserin, lieber Leser,

wenn du diesen Text liest, hast du dich durch eine Vielzahl von Rezeptideen und kulinarischen Inspirationen hindurchgeblättert. Dafür möchte ich dir von Herzen danken. Ich hoffe, dass dieses Kochbuch für dich nicht nur eine Ansammlung von Rezepten, sondern auch eine Inspirationsquelle für eine bewusste und abwechslungsreiche Ernährung geworden ist.

Essen ist ein wichtiger und zentraler Teil unseres Lebens. Es versorgt uns nicht nur mit den notwendigen Nährstoffen, sondern bietet auch Gelegenheit für Gemeinschaft, Kreativität und Genuss. Deshalb ist es mir wichtig gewesen, Rezepte zusammenzustellen, die nicht nur gut für den Körper, sondern auch für die Seele sind. Ich hoffe, dass die Gerichte, die du aus diesem Buch zubereitest, sowohl deinen Geschmack als auch dein Wohlbefinden bereichern.

In diesem Sinne: Guten Appetit und viel Freude beim weiteren Entdecken, Experimentieren und Genießen. Und vergiss nicht, es warten noch viele weitere Rezepte darauf, von dir entdeckt zu werden.

Impressum